Neurociencia para vencer la Depresión

La espiral ascendente

Título original: THE UPWARD SPIRAL
Traducido del inglés por Antonio Luis Gómez Molero
Diseño de portada: Editorial Sirio, S.A.
Diseño y maquetación de interior: Toñi F. Castellón

© de la edición original
   2015 Alex Korb
   New Harbinger Publications, Inc.
   5674 Shattuck Avenue
   Oakland, CA 94609
   www.newharbinger.com

© de la presente edición
   EDITORIAL SIRIO, S.A.
   C/ Rosa de los Vientos, 64
   Pol. Ind. El Viso
   29006-Málaga
   España

www.editorialsirio.com
sirio@editorialsirio.com

I.S.B.N.: 978-84-17399-58-0
Depósito Legal: MA-684-2019

Impreso en Imagraf Impresores, S. A.
c/ Nabucco, 14 D - Pol. Alameda
29006 - Málaga

Impreso en España

Puedes seguirnos en Facebook, Twitter, YouTube e Instagram.

Dr. ALEX KORB

Prólogo del **Dr. J. Siegel**, autor de
El cerebro del niño

Neurociencia
para vencer
la Depresión
La espiral ascendente

EDITORIAL
SIRIO

Para Mandy y todas las chicas que dejó detrás.

Índice

Prólogo

En esta maravillosa excursión a lo largo y ancho del cerebro, nuestro competente guía, Alex Korb, nos ofrece un conocimiento práctico y unas herramientas útiles que pueden ayudarnos desde las primeras páginas a mejorar nuestras vidas: desde diferentes maneras de pensar hasta acciones específicas que podemos emprender. Pero ¿cómo pueden realmente ayudarnos el conocimiento y las herramientas?

Sabemos que lo que haces con tu mente (cómo centras tu atención, cómo configuras de forma deliberada tus pensamientos y cómo calmas a propósito tus emociones) puede modificar directamente tu cerebro. Esa es la clave de la *neuroplasticidad*: cómo nuestras experiencias, entre ellas lo que hacemos con nuestra mente, alteran de hecho la actividad de nuestro cerebro e incluso su configuración de toda una vida. Como psiquiatra en activo, he aprendido que conocer los detalles de cómo funciona el cerebro puede proporcionarle a la gente una capacidad única para mejorar su vida. Este libro ofrece maneras poderosas y prácticas de usar este conocimiento neurológico para mejorar tus relaciones, disminuir la preocupación y la ansiedad, y reducir la carga del pensamiento y el estado de ánimo depresivos.

En esta cautivadora inmersión, entrarás en el fascinante mundo de la neurociencia aplicada de la mano de alguien cuyo trabajo doctoral en uno de los programas de neurociencia más prestigiosos del mundo, así como su propio periplo particular, lo han acercado y llevado a una relación personal con la capacidad del cerebro humano para corregirse a sí mismo de su lamentable tendencia a hundirse en una espiral descendente de preocupación, ansiedad y depresión. Si tú (o alguien que conozcas) eres proclive a rumiar excesivamente los pensamientos, descalificarte a ti mismo con comentarios peyorativos o caer directamente en estados de ánimo depresivos, o si, sencillamente, quieres mejorar tu vida aplicando un conocimiento profundo sobre el cerebro que haga tu existencia más comprensible y agradable, este libro será una aportación para tu viaje.

Neurociencia para vencer la depresión ha constituido un motivo de alegría para mí por su claridad, su ciencia de vanguardia y su estimulante traducción de la investigación actual en herramientas prácticas para la vida cotidiana. Aunque este es mi campo como neuropsiquiatra, psicoterapeuta y educador de salud mental centrado en el cerebro, he aprendido enormemente y me he reído muchísimo. Este libro es al mismo tiempo informativo y divertido.

Me siento feliz y honrado de ofrecerte estas primeras palabras de bienvenida mientras te dispones a aprender cómo pueden trabajar en conjunto y de manera adecuada las diversas regiones de tu cerebro para disminuir tu preocupación y mejorar tu bienestar.

Puedes convertir la tendencia a caer en una espiral descendente de depresión y ansiedad en una espiral ascendente de alegría y lucidez. Aunque parezca mentira, la ciencia actual afirma que la información y el conocimiento pueden ayudarte a sacar el máximo rendimiento al poder de tu mente y crear bienestar, dicha y conexión en tu vida. Y este libro te mostrará cómo.

DANIEL J. SIEGEL,
doctor en medicina

Introducción

En Madison (Wisconsin), una mujer de treinta y pocos años está sentada con su marido en una sala de espera rellenando unos impresos. Un científico le adhiere tranquilamente unos electrodos al tobillo y luego la lleva hasta una máquina de resonancia magnética. La máquina comienza a hacer chasquidos y a emitir un zumbido elevado mientras registra su actividad cerebral al tiempo que una pequeña pantalla le avisa de inminentes descargas eléctricas. Mientras está tumbada temiendo el próximo pinchazo, se ilumina un conjunto predecible de regiones cerebrales, principalmente en los circuitos responsables de la preocupación y el malestar.[1] A continuación se somete de nuevo a una prueba de resonancia magnética, esta vez mientras su marido le sostiene la mano. Sigue recibiendo las mismas descargas y las mismas advertencias, pero su respuesta cerebral ha cambiado. La actividad en los circuitos de preocupación y malestar se ha calmado.

En Japón, un joven pedalea en una bicicleta estática mientras los científicos usan sensores de luz infrarroja para monitorizar el flujo sanguíneo en su cerebro. Solo quince minutos de bicicleta son suficientes para incrementar la actividad en los circuitos responsables del control emocional y de elevar los niveles del neurotransmisor serotonina.[2]

En un hospital de Pittsburgh (Pensilvania), mientras los pacientes se recuperan de la intervención de cirugía espinal, los médicos miden la cantidad de luz de cada habitación. Descubren que los pacientes que han sido trasladados a habitaciones soleadas tienen repentinamente una mayor tolerancia al dolor y necesitan menos medicación.[3]

Estos estudios apuntan a nuestra nueva comprensión de la neurociencia de la depresión. La neurociencia es el estudio del cerebro, que comprende, entre otras cosas, la base biológica de nuestros pensamientos, sentimientos y acciones. La investigación de las recientes décadas ha cambiado espectacularmente nuestra visión de los circuitos cerebrales que causan depresión y ha incrementado nuestro conocimiento de lo que podemos hacer acerca de ello.

En esencia, el cerebro está lleno de circuitos neurales intrincados que interactúan entre sí. Hay un circuito de preocupación y un circuito de hábito. Hay un circuito de toma de decisiones y un circuito del dolor. Hay circuitos para el sueño, la memoria, el humor, los proyectos, la diversión y mucho más, y todos se comunican entre sí. Todos tenemos los mismos circuitos, ya sufras de depresión o no, aunque el ajuste específico de cada circuito varía de una persona a otra. La enfermedad de la depresión es un patrón de actividad que surge de las interacciones de todos estos circuitos. Aunque podría parecer que no es gran cosa, los efectos pueden ser devastadores.

Hay veces en que sencillamente todo se nos antoja difícil y sin sentido. Es una sensación que todos tenemos de vez en cuando, y se trata simplemente de un subproducto de un circuito cerebral complejo. Y para la mayoría es solo una sensación fugaz, que desaparece como un susurro. Pero debido a ligeras diferencias en la neurobiología, algunos se quedan estancados en esa sensación.

Por fortuna, los estudios descritos anteriormente (y docenas de otros) ilustran a la perfección cómo los pequeños cambios vitales transforman de hecho la actividad y la composición química de circuitos específicos. Conocemos los circuitos que contribuyen a la depresión, y sabemos cómo modificarlos. Cuando la actividad y la composición química del cerebro comienzan a cambiar, cambia asimismo el curso de la depresión.

LA DEPRESIÓN ES UNA ESPIRAL DESCENDENTE

Todos sabemos lo que significa estar atrapado en una espiral descendente. Quizá un viernes por la noche te habían invitado a una fiesta, pero tuviste un pensamiento fugaz como «no creo que sea muy divertida» y no vas. En lugar de eso te quedas hasta tarde en el sofá viendo la tele. Al día siguiente duermes hasta tarde y te levantas agotado. No te llama nadie, por eso te sientes todavía más solo, y ahora es menos probable aún que participes en ninguna actividad social. Nada parece especialmente interesante, de manera que te pasas todo el fin de semana tumbado. Muy pronto te sientes desgraciado y solo, y no sabes qué hacer, porque cualquier decisión te parece mala. Esto significa que estás al borde de una depresión.

Las espirales descendentes se producen porque las circunstancias que te rodean y las decisiones que tomas alteran tu actividad cerebral. Si tu actividad cerebral empeora, contribuye a que todo se te vaya de las manos y se haga cada vez más grande, como una bola de nieve al rodar, lo que agrava aún más tus cambios cerebrales negativos y crea así un círculo vicioso. Por fortuna, a la mayoría de la gente, la actividad de varios circuitos cerebrales le permite detener y revertir la espiral descendente. Pero otros no tienen tanta suerte.

Se suele creer que la depresión consiste solo en estar triste todo el tiempo, pero es mucho más que eso. De hecho, quienes sufren de depresión no están tristes siempre, sino que con frecuencia sienten una especie de entumecimiento, como una sensación de vacío donde debería residir la emoción. Se sienten sin esperanzas e impotentes. Las cosas que solían ser divertidas ya no lo son: la comida, los amigos, las aficiones... Su energía cae en picado. Todo parece difícil, y cuesta explicar por qué, porque no debería serlo. Nada parece merecer el esfuerzo que requiere. Cuesta dormir y cuesta mantenerse despierto. Los dolores y las molestias se sienten más profundamente. Es complicado concentrarse, y te sientes tenso, avergonzado y solo.

El gran problema de la espiral descendente de la depresión es que no solo te hunde, sino que te mantiene hundido. La depresión es un estado muy estable: tu cerebro tiende a pensar y actuar de maneras que te mantienen deprimido. Todos los cambios de vida que podrían ayudarte a salir de la depresión parecen demasiado difíciles. El ejercicio podría ayudarte, pero no te apetece hacerlo. Descansar bien por las noches sería útil, pero tienes insomnio. Hacer algo divertido con los amigos contribuiría a que mejorases, pero nada parece divertirte, y no tienes ganas de molestar a nadie. Tu cerebro está estancado, la depresión tira de él hacia abajo, con una fuerza tan constante como la de la gravedad. Tu estado de ánimo se convierte en una canica en el fondo de un cuenco: independientemente de la dirección en la que la empujes, termina volviendo a caer en su sitio.

La depresión tiene que ver con el ajuste de varios circuitos cerebrales y sus interacciones con el mundo y entre sí. Imagínate un circuito sencillo, como un micrófono y un altavoz. Si están orientados de una determinada manera, el más pequeño susurro puede provocar unos pitidos de retroalimentación. Si los orientas de manera ligeramente diferente, el problema desaparece. Pero no es un problema del micrófono. Ni del altavoz. Ambos funcionan como se supone que deberían funcionar. Es un problema del sistema y de la interacción de las partes. La espiral descendente de la depresión funciona del mismo modo y está configurada y dirigida por el ajuste específico de tus circuitos neurológicos.

Enseguida profundizaré mucho más en los detalles específicos (y utilizaré términos más científicos, como *hipocampo* y *norepinefrina*), pero la depresión por lo general implica un problema con cómo se descontrolan los circuitos cerebrales de *pensamiento* y *sensación*. Mientras que el cerebro puede dividirse en docenas de regiones, los circuitos que causan la depresión dependen de relativamente pocas.

En particular hay dos áreas cerebrales responsables: la corteza prefrontal y el sistema límbico. Para simplificar, la corteza prefrontal es básicamente la parte *pensante* del cerebro y el sistema límbico es la parte *sintiente*. En la depresión algo funciona mal en la forma en que estas regiones actúan y se comunican entre sí. Se supone que la corteza prefrontal pensante ha de ayudar a regular el sistema límbico sintiente, pero no hace un buen trabajo. Afortunadamente, es posible cambiar la manera en que actúan y se comunican, y de eso es de lo que trata este libro.

¿QUÉ ES LA ESPIRAL ASCENDENTE?

No siempre puedes cambiar dónde estás, pero puedes cambiar a dónde te diriges. ¿Qué ocurriría si, en lugar de sumergirte en una espiral descendente, lo hicieras en una espiral ascendente? ¿Qué sucedería si, de repente, tuvieras más energía, durmieras bien, salieras más con los amigos, te sintieras mejor? Tus circuitos neurológicos tienen tanto potencial para esto como para la depresión. Con frecuencia solo hacen falta unas pocas emociones positivas para poner en marcha el proceso, que a su vez comienza a alimentar cambios positivos en otras áreas de tu vida: esta es la espiral ascendente, y su increíble eficacia ha sido probada una y otra vez, en cientos de estudios científicos.[4] La pregunta es: ¿qué está sucediendo realmente en el cerebro, y cómo comienza la espiral? Resulta que los cambios vitales positivos realmente causan cambios neurológicos positivos: en la actividad eléctrica del cerebro, en su composición química e incluso en su capacidad para producir nuevas neuronas. Estos cambios neurológicos alteran el ajuste de tus circuitos cerebrales y provocan más cambios vitales positivos. Por ejemplo, el ejercicio transforma la red eléctrica de tu cerebro durante el sueño, lo que reduce la ansiedad, mejora el estado de ánimo y te proporciona más energía para hacer más·ejercicio. Del mismo modo, expresar gratitud activa la producción de serotonina, lo que mejora tu estado de ánimo y te permite superar los hábitos perjudiciales, ofreciéndote más motivos para estar agradecido. Cualquier minúsculo cambio puede ser justo el empujón que necesita tu cerebro para revertir la espiral.

¿QUÉ ENCONTRARÁS EN ESTE LIBRO?

Este libro está dividido en dos partes. La primera explica por qué el cerebro se queda atrapado en una espiral descendente de depresión, y detalla los circuitos y las sustancias químicas responsables de ella. En ocasiones la exposición puede ser bastante técnica, pero no es necesario ser neurocirujano para entender las bases de cómo funciona el cerebro. La primera parte se centra en entender qué puedes cambiar y en aceptar lo que no puedes cambiar, todo ello clave para una espiral ascendente.

La segunda parte describe los cambios vitales específicos que pueden transformar la actividad de varios circuitos cerebrales para revertir el curso de la depresión. Además de entender y aceptar, hay ocho cambios vitales poderosos que contribuyen a la solución, y se dedica un capítulo a cada uno de ellos: el ejercicio (capítulo cinco), la toma de decisiones (capítulo seis), el sueño (capítulo siete), los hábitos (capítulo ocho), la biorretroalimentación (capítulo nueve), la gratitud (capítulo diez), el apoyo social (capítulo once) y la ayuda profesional (capítulo doce). Además, hay consejos útiles esparcidos a lo largo de todo el libro que pueden beneficiarte tanto si tienes depresión como si no. Por ejemplo, si necesitas una excusa científica para recibir un masaje, ve al capítulo once.

EL PRIMER PASO

Si se da la circunstancia de que te encuentras deprimido, pero estás lo suficientemente sano para leer este libro, dispones de todo lo que se precisa para reconfigurar tu cerebro y revertir el curso de la depresión. Todos tenemos los mismos circuitos cerebrales, de manera que si sufres depresión o ansiedad o si te sientes mal, o incluso aunque te sientas bien, puedes usar la neurociencia para mejorar tu vida. Tu cerebro es un sistema positivo de retroalimentación: con frecuencia, todo lo que hace falta para ver efectos es un pequeño cambio, lo mismo que una mariposa que bate sus alas en Los Ángeles puede producir una tormenta en Nueva York. Incluso el acto de leer esta introducción es un mensaje a tu cerebro de que estás en camino hacia tu mejoría.

Por supuesto, este libro no puede proporcionar esa gran solución única para la depresión, porque no hay una. Pero sí hay docenas de pequeñas soluciones que juntas son más que la suma de sus partes. Aprovecha cualquiera de las numerosas soluciones que encontrarás aquí, y empezarás a ayudarte. El primer paso es el más importante, y tú ya lo has dado.

Primera parte

Atrapado en una espiral descendente

Capítulo

Un mapa cerebral de la depresión

A mediados de mi último año en la universidad todo parecía abrumador. Había empezado a sentir ansiedad por un futuro que, por alguna razón desconocida, comenzaba a parecerme cada vez más sombrío. Me costaba mucho trabajo elegir las clases. Ni siquiera la comida sabía tan bien como antes. Y para colmo, me dejó mi novia, probablemente porque durante los dos últimos meses había sido un imbécil patético. Después de eso, empecé a sufrir más molestias y dolores y me costaba dormir. El invierno de Nueva Inglaterra se me antojaba especialmente largo y oscuro.

En ese momento no era consciente de lo deprimido que estaba; tampoco me daba cuenta de todas las formas en las que, involuntariamente, estaba impidiendo que mi cerebro se hundiera aún más. Practicaba una gran cantidad de deportes, y eso, de hecho, cambia la señalización de la dopamina en el cerebro, lo que ayuda a hacer la vida más agradable. Además, ir a clase no solo alteraba el circuito del hábito de mi cerebro, sino que también significaba que tenía que pasar algún tiempo al sol en mi camino de ida y vuelta a las clases, y esto mejoraba mi nivel de serotonina y regulaba mi actividad eléctrica cerebral durante el sueño. Vivía con tres de mis mejores amigos, y hablar con ellos diariamente transformaba la interacción de los circuitos emocionales con los circuitos de planificación. Todos estos cambios cerebrales fueron los que me salvaron de empeorar, a pesar de ignorarlos por completo.

Entiendo que la mayoría de la gente con depresión pasa por un estado mucho más profundo y oscuro, pero de todas formas la misma neurociencia conserva toda su validez. No hay nada que en esencia sea diferente en los cerebros de la gente con depresión y sin ella. De hecho, no existe escáner cerebral, resonancia magnética o electroencefalograma que puedan diagnosticar la depresión: es sencillamente un subproducto de los circuitos cerebrales que todos tenemos.

Como neurólogo especializado en trastornos del estado de ánimo, he llegado a reconocer que todo el mundo tiene tendencias depresivas en un grado variable. Se trata solo de cómo está configurado nuestro cerebro. Afortunadamente, la mayoría de la gente tiene una tendencia al bienestar que le impide quedar atrapada en la espiral descendente de la depresión. Para quienes no la tengan, hay esperanza: en la última década se han producido avances extraordinarios en nuestra comprensión de los circuitos cerebrales que participan en la depresión y, más importante, en cómo pueden cambiar. Este capítulo ofrece un resumen de esos circuitos. Es una gran cantidad de información, pero volveremos a estos mismos circuitos a lo largo del libro, de manera que es conveniente tratar de entenderlos ahora. No hace falta prestar demasiada atención a los detalles; lo que cuenta es la visión general.

¿QUÉ ES LA DEPRESIÓN?

Tengo buenas y malas noticias. Comencemos por las malas: no se sabe con exactitud lo que es la depresión. Hemos identificado sus síntomas y muchas de las regiones cerebrales y sustancias neuroquímicas que intervienen en ella, y además conocemos un gran número de causas de este trastorno. Sin embargo, no comprendemos la depresión de la misma forma detallada en que entendemos otros trastornos cerebrales, como el párkinson o el alzhéimer. Por ejemplo, en el párkinson, podemos señalar la muerte de ciertas neuronas de dopamina. En el alzhéimer, podemos apuntar a proteínas específicas. Pero las causas neurales de la depresión tienen muchos más matices.

¿Sufres depresión? Si tienes cinco o más de los siguientes síntomas casi todos los días durante dos semanas, puedes sufrir un *trastorno depresivo mayor* (pero solo un profesional de la salud mental puede realizar un diagnóstico exacto). Si experimentas menos síntomas, puedes estar sufriendo una depresión ligera. De cualquier modo podría beneficiarte la espiral ascendente.

- Estado de ánimo depresivo: te sientes triste, vacío o incluso constantemente irritable.
- Menor interés o placer en todas (o casi todas) las actividades.
- Pérdida o aumento de peso significativos (e involuntarios), disminución o incremento notables del apetito.

- Insomnio o aumento del deseo de dormir.
- Inquietud o un comportamiento más lento que los demás pueden observar.
- Fatiga o pérdida de energía.
- Sentimientos de inutilidad o de culpa excesiva o inapropiada.
- Dificultades para pensar, concentrarse o tomar decisiones.
- Pensamientos recurrentes de muerte o suicidio.[1]

Mientras que la mayoría de las enfermedades vienen definidas por su causa (por ejemplo, el cáncer o la cirrosis hepática), actualmente el trastorno de la depresión viene definido por un conjunto de síntomas. Te sientes fatal casi todo el tiempo. Nada te parece interesante y todo te resulta abrumador. Tienes problemas para dormir. Te sientes culpable, sufres ansiedad y piensas que no vale la pena vivir. Estas son las señales de que tus circuitos cerebrales están atrapados en la espiral descendente de la depresión. Y si tienes suficientes síntomas, te diagnostican depresión. No hay análisis de laboratorio, no hay resonancia magnética; se trata solo de los síntomas.

Las buenas noticias son que sabemos lo suficiente sobre la depresión como para ayudarte a entender lo que está sucediendo en tu cerebro y cómo mejorar. Como verás más adelante en el libro, el ejercicio, la luz del sol, determinados patrones específicos de sueño, ciertos movimientos musculares e incluso la gratitud alteran la actividad de circuitos neurales específicos y revierten el curso de la depresión. Y, de hecho, no importa si presentas un nivel de depresión estrictamente diagnosticable o no. Si tienes algo de ansiedad, o simplemente no te sientes bien, los mismos principios de la neurociencia pueden ofrecerte una mejor comprensión de tu cerebro y de cómo hacer que funcione de manera óptima.

LA DEPRESIÓN ES COMO UN ATASCO DE TRÁFICO

El flujo de tráfico a través de una ciudad es complejo y dinámico, en ocasiones se atasca inexplicablemente y otras veces fluye sin problemas, incluso a la hora punta. El mercado de valores y la economía general siguen patrones similares, como lo hace el clima e incluso la cultura popular. A un nivel matemático, estos tipos de sistemas complejos y dinámicos comparten muchas similitudes, entre ellas la forma en que todo el sistema (ya sea un atasco de tráfico, un tornado, una recesión o una recuperación, un tuit viral o la próxima moda) pueden quedar atrapados en un patrón de descontrol, ya se trate de una espiral ascendente o descendente.

Así que ¿por qué los tornados suceden en Oklahoma, pero no en Nueva York? La explicación es que se dan las condiciones adecuadas: la llanura del terreno, los cambios de temperatura, la humedad y la dirección y velocidad del viento. Pero no hay ningún problema con Oklahoma.

Lo mismo se puede decir de tu cerebro. En la depresión, no hay nada que falle realmente en el cerebro. Es solo que un determinado ajuste de los circuitos neurológicos crea la tendencia a un patrón de depresión. Tiene relación con la manera en la que el cerebro trata el estrés, la planificación, los hábitos, la toma de decisiones y docenas de elementos más: la interacción dinámica de todos esos circuitos. Y una vez que el patrón empieza a formarse, causa docenas de minúsculos cambios a lo largo del cerebro, que crean una espiral descendente.

La buena noticia es que en sistemas complejos como el cerebro, los pequeños cambios a veces pueden tener grandes efectos. Cambiar la frecuencia de un solo semáforo puede causar o impedir un atasco de tráfico. Un vídeo de YouTube puede convertirse en viral gracias a un solo *post* en Twitter. Y a veces alterar el ajuste de un circuito cerebral puede empezar a invertir el curso de la depresión. Afortunadamente, décadas de investigación científica nos han demostrado cómo modificar diferentes circuitos neuronales, cambiar los niveles de varios agentes neuroquímicos e incluso generar nuevas células cerebrales.

INTRODUCCIÓN A LA NEUROCIENCIA

Antes de entrar en el terreno específico de la neurociencia de la depresión, hablemos sobre algunos conceptos básicos del cerebro. Tu cerebro está compuesto por miles de millones de *neuronas*, células nerviosas diminutas que le proporcionan al cerebro el poder computacional, son como miles de millones de minúsculos microchips. Las neuronas se comunican constantemente entre sí enviándose impulsos eléctricos a través de sus largas ramas, que funcionan como cables eléctricos. Cuando un impulso eléctrico llega al final de una rama, la neurona arroja una señal química, un *neurotransmisor*. Los neurotransmisores transmiten información flotando en el espacio entre las neuronas (la *sinapsis*) y uniéndose a la neurona siguiente. Así que toda la actividad cerebral consiste en miles de millones de neuronas que para comunicarse entre sí envían señales eléctricas que a su vez se convierten en señales químicas.

Cada impulso eléctrico (y emisión resultante de neurotransmisor) no es una orden que controla las acciones de la neurona siguiente, sino más bien una especie de voto sobre lo que esta debería hacer. Todo el patrón de actividad es como una elección presidencial. Todo el mundo vota quién debe ser el presidente, y dependiendo de esos votos, el país se inclina en una u otra dirección. Si puedes cambiar el número de votos de algunos estados indecisos clave en solo un pequeño porcentaje de puntos, podrás cambiar radicalmente el curso de la nación. Lo mismo sucede en el cerebro. Cambiando la velocidad de disparo de las neuronas en algunas regiones clave, se puede influir en el patrón de actividad de todo el cerebro.

Puede parecer bastante caótico tener miles de millones de neuronas interconectadas, pero están organizadas de forma muy específica, agrupadas en regiones más pequeñas a lo largo de todo el cerebro. Algunas regiones se encuentran en la superficie cerebral, la *corteza*. El término *superficie* puede ser engañoso, porque el cerebro está tan arrugado que algunas regiones corticales son en realidad bastante profundas. Pero en contraste, hay regiones aún más profundas, las *regiones subcorticales*, que son evolutivamente más antiguas.

Las neuronas de cada región se comunican entre sí, así como con otras regiones de todo el cerebro. Estas redes de neuronas en comunicación se denominan *circuitos neuronales*. Tu cerebro funciona como una serie de ordenadores minúsculos conectados entre sí.

Como dije en la introducción, tienes docenas de circuitos diferentes que controlan todos los aspectos de tu vida. Muchos de estos circuitos dependen de las mismas regiones del cerebro superpuestas, y todos estos diversos circuitos se influyen entre sí. Si te sientes deprimido o feliz, hambriento o excitado, es el resultado de la forma en que toda esta gran cantidad de circuitos se influyen unos a otros.

LAS SUSTANCIAS QUÍMICAS DE LA DEPRESIÓN

Imagina el mapa de vuelo de la parte posterior de las revistas que suele haber en los aviones y que muestra todas las ciudades a las que vuela una compañía aérea. Eso te dará una buena idea de la organización de un *sistema neurotransmisor*, que simplemente significa todas las neuronas que se liberan o reaccionan ante un determinado neurotransmisor. Por ejemplo, el sistema de serotonina son las neuronas que se liberan o reaccionan ante la serotonina (al igual que el «sistema» Delta serían todas las ciudades que conecta la compañía aérea Delta). Tu cerebro se basa en numerosos sistemas de neurotransmisores para diferentes tipos de procesamiento, que contribuyen a la depresión de diferentes maneras.

En los pasados años sesenta, se pensaba que la depresión se debía a que había carencia del neurotransmisor norepinefrina. Luego, unos años más tarde, la teoría cambió a una deficiencia de serotonina. Ahora sabemos que es mucho más complicado. Es cierto que la serotonina y la norepinefrina están involucradas, pero también lo están la dopamina y otras numerosas sustancias neuroquímicas.

Una gran cantidad de sistemas de neurotransmisores influyen en la depresión, la cual, a su vez, influye en esos sistemas.

Es una lista larga, pero volveremos a ver la mayor parte varias veces a lo largo del libro. No hace falta que lo recuerdes todo ahora; solo tienes que saber que cada sistema neurotransmisor tiene unos cuantos efectos primarios:

- Serotonina: mejora la fuerza de voluntad, la motivación y el ánimo.
- Norepinefrina: mejora el pensamiento, la concentración y la gestión del estrés.
- Dopamina: incrementa el placer y es necesaria para cambiar los malos hábitos.
- Oxitocina: promueve los sentimientos de confianza, amor y conexión, y reduce la ansiedad.
- GABA (ácido gamma-aminobutírico): incrementa la sensación de relajación y reduce la ansiedad.
- Melatonina: mejora la calidad del sueño.
- Endorfinas: proporcionan sensaciones de júbilo y alivio del dolor.
- Endocannabinoides: mejoran el apetito y aumentan las sensaciones de paz y bienestar.

Toma el sol. La luz solar brillante ayuda a aumentar la producción de serotonina. También mejora la liberación de la melatonina, lo que te ayuda a conseguir una mejor noche de sueño (capítulo siete). Así que, si estás siempre bajo techo, haz un esfuerzo para salir a la calle al menos unos minutos a lo largo del día. Ve a dar un paseo, escucha algo de música o, sencillamente, toma el sol.

A riesgo de simplificar excesivamente las cosas, se puede decir que, en general, cada neurotransmisor contribuye a un síntoma depresivo diferente. Un sistema de serotonina disfuncional es responsable de la falta de fuerza de voluntad y motivación. La dificultad en la concentración y el pensamiento se debe probablemente a problemas con la norepinefrina. La disfunción en el sistema de dopamina conduce a malos hábitos y hace que no disfrutemos. Todos estos neurotransmisores son necesarios para el buen funcionamiento de decenas de circuitos en todo el cerebro, y para complicar aún más las cosas, todos interactúan. Por desgracia, la depresión no es solo una cuestión de no tener suficiente norepinefrina, serotonina y dopamina, y por lo tanto no se resuelve simplemente con aumentar los niveles de estos neurotransmisores. Pero eso forma *parte* de la solución. Impulsar la serotonina conduce a un mejor estado de ánimo y una mayor capacidad para establecer metas y evitar malos hábitos. Aumentar la norepinefrina significa una mejor concentración y una disminución del estrés. Y más dopamina generalmente implica más disfrute.

Este libro describe cómo los pequeños cambios de vida pueden modificar la actividad de estos sistemas neurotransmisores. La mecánica es bastante complicada, pero esta es la esencia. Básicamente, la frase «aumentar la actividad de la serotonina» puede significar varias cosas. Como, por ejemplo, que tu cerebro genera más serotonina o aumenta los receptores de esta, o que esos receptores responden mejor a la serotonina. También puede significar que la serotonina que se ha generado no se descompone tan deprisa o sencillamente que la que se ha vertido en la sinapsis permanece allí durante un tiempo (ofreciendo una mayor oportunidad para unirse a la siguiente neurona) en lugar de volver a ser rápidamente succionada por la neurona. El cambio de uno de estos factores puede aumentar la actividad de la serotonina. Por ejemplo, la mayoría de los medicamentos antidepresivos funcionan bloqueando las proteínas que absorben serotonina (conocidas como *transportadoras de serotonina*), aumentando así la cantidad de serotonina que puede actuar en los receptores.

Además de los neurotransmisores, otros neuroquímicos pueden también tener efectos espectaculares. Por ejemplo, el *factor neurotrófico derivado del cerebro* ayuda al crecimiento de nuevas neuronas y a la salud del cerebro en general. Incluso ciertas sustancias químicas del sistema inmunitario pueden cambiar la señalización neural y mostrar actividad alterada en la depresión.[2] Pero ya hemos visto bastante sobre las sustancias químicas individuales que participan en la depresión; vayamos a los circuitos.

LOS CIRCUITOS BÁSICOS DE LA DEPRESIÓN

Como mencioné en la introducción, la depresión es principalmente el resultado de la mala comunicación entre la corteza prefrontal pensante y el sistema emocional límbico. A estas partes del cerebro se las suele llamar *sistema frontal límbico*, porque forman un grupo de regiones que interactúa estrechamente, del mismo modo que interactúa el grupo de países que forman la Unión Europea. El sistema frontal límbico regula tu estado emocional, y cuando no funciona, puede empujarte a la depresión.

A continuación, veremos los principales elementos del sistema frontal límbico y las regiones que se comunican estrechamente con ellos. Voy a proporcionarte una lista completa de nombres, pero no te preocupes por recordar todos los detalles ahora; seguiremos viéndolos a lo largo del libro.

El cerebro «pensante»

La *corteza prefrontal* obtiene su nombre del hecho de que es la parte más sobresaliente del cerebro. Básicamente, es la totalidad de la superficie del tercio delantero del cerebro, localizado justo detrás de la frente. Es el director general del cerebro: el centro de los circuitos de planificación y toma de decisiones. También es responsable de controlar los impulsos y la motivación.

La corteza prefrontal es la parte más recientemente desarrollada de la corteza, y la de los seres humanos es mayor que la de cualquier otro animal. Nuestra gran corteza prefrontal nos proporciona una ventaja evolutiva enorme, pero también puede causar problemas. En la depresión, es responsable de la preocupación, la culpabilidad, la vergüenza y los problemas para pensar con lucidez, así como la indecisión. La actividad cambiante de la corteza prefrontal puede ayudar a resolver estos problemas, cambiar los malos hábitos y mejorar la fuerza de voluntad. La corteza prefrontal puede organizarse a lo largo de dos ejes: vertical y horizontal, que básicamente la dividen en cuatro cuadrantes.

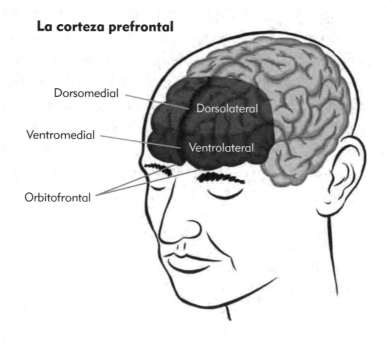

La corteza prefrontal

Dorsomedial

Dorsolateral

Ventromedial

Ventrolateral

Orbitofrontal

Estos cuadrantes son esencialmente las áreas superior media, superior, inferior media e inferior de la corteza prefrontal. Claro que a los científicos les gusta usar palabras más elegantes, por lo que llaman a las partes cerca del área superior «dorsales» (como la aleta dorsal de un delfín) y a las partes hacia el área inferior «ventrales» (de la palabra latina para «vientre»). Las partes cercanas al medio se denominan «mediales», mientras que las que están cerca de los lados son «laterales». Por ejemplo, la nariz es más medial que los ojos.

Cada cuadrante de la corteza prefrontal es principalmente responsable de un determinado grupo de funciones. Las partes mediales están más centradas en sí mismas, mientras que las laterales se enfocan más al mundo exterior. A lo largo de la dimensión vertical, las partes ventrales son más emocionales, mientras que las dorsales están más centradas en el pensamiento. Así, la distinción primaria en la corteza prefrontal está entre dorsolateral y ventromedial (en otras palabras, el lado superior y el lado inferior-medio). La corteza prefrontal ventromedial es la más centrada en sí misma, es la parte emocional de la corteza prefrontal, especialmente importante en la motivación y el control de los impulsos. Llamarla «emocional» puede prestarse a confusión, ya que he dicho que el sistema límbico (en lugar de la corteza prefrontal) es la parte emocional del cerebro, pero míralo de la siguiente manera: la corteza prefrontal ventromedial *piensa* en las emociones, mientras que el sistema límbico las *siente*. Por el contrario, la corteza prefrontal dorsolateral piensa más sobre el mundo exterior y, por tanto, es más responsable de la planificación y de la resolución de problemas.

Casi toda la corteza prefrontal se ve afectada por la depresión.[3] ¿No sientes ninguna motivación? Es probable que se deba a la reducción de serotonina en la corteza prefrontal ventromedial.

¿Te cuesta trabajo hacer planes o pensar con claridad? Es probable que se deba a la actividad interrumpida en la corteza prefrontal dorsolateral. Sin embargo, la mayoría de los problemas, como la dificultad para seguir adelante con los planes, no siempre se pueden atribuir a una región o sistema neurotransmisor y a menudo son el resultado de la comunicación entre varios de ellos.

El cerebro «sintiente»

En contraste con la corteza prefrontal altamente evolucionada, el sistema límbico es un antiguo conjunto de estructuras ubicadas a mucha mayor profundidad en el cerebro (incluso los primeros mamíferos, hace cien millones de años, tenían sistemas límbicos). El sistema límbico es la parte emocional del cerebro y es responsable, entre otras cosas, de la emoción, el miedo, la ansiedad, la memoria y el deseo. Se compone principalmente de cuatro regiones: el *hipotálamo*, la *amígdala*, el *hipocampo* y la *corteza cingulada*. El hipotálamo controla el estrés. La amígdala es la clave para reducir la ansiedad, el miedo y otras emociones negativas. El hipocampo es responsable de crear recuerdos a largo plazo, y como sus neuronas son muy sensibles al estrés, a menudo actúa como el canario en la mina de carbón* de la depresión. Por último, la corteza cingulada controla la concentración y la atención, que tienen una gran importancia en la depresión, porque dependiendo de aquello en lo que te centras, tu estado de ánimo cambia enormemente.

---

* La expresión en inglés *the canary in a coal mine*, literalmente "el canario en la mina de carbón", se refiere a la vieja práctica de los mineros de llevar un pájaro enjaulado al interior de las minas. La muerte del animal era la señal de alerta de la existencia de gases tóxicos en el ambiente.

El sistema límbico

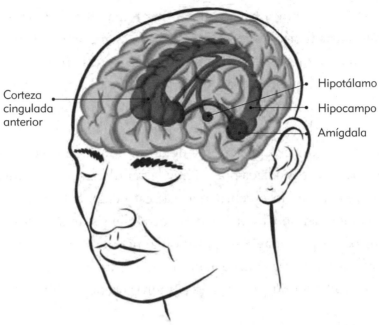

Corteza
cingulada
anterior

Hipotálamo

Hipocampo

Amígdala

El estrés y el hipotálamo

¿Te sientes tenso? ¿Con los nervios de punta? El estrés elevado es una causa y un síntoma de depresión, y puede atribuirse al hipotálamo, en la región límbica central. El hipotálamo regula numerosas hormonas y controla la respuesta al estrés del cuerpo. Puede poner a este en modo lucha o huida, aumentando las hormonas del estrés como el cortisol y la adrenalina. Es como una base militar preparada para desplegar sus tropas ante una amenaza. Cuando estás deprimido, la base se encuentra en alerta máxima: tiene una respuesta inmediata, lo que dificulta relajarse y disfrutar. Por tanto, encontrar la forma de calmar el hipotálamo es una de las mejores maneras de reducir el estrés.

La ansiedad y la amígdala

De niño, nunca habría dicho que tenía ansiedad; simplemente sufría fuertes dolores de estómago cuando iba a hacer un examen o mientras hacía cola para subir a la terrorífica montaña rusa. Pero, quién lo iba a decir, a medida que crecí y me fui volviendo un adulto más tranquilo, mis dolores desaparecieron.

La ansiedad no siempre es obvia, pero cuando aumenta, en una forma u otra, es un síntoma de depresión. La ansiedad está principalmente mediada por la amígdala, una estructura antigua en lo más hondo del cerebro, que está estrechamente conectada con el hipotálamo y es una parte central del sistema emocional límbico. Las personas con depresión a menudo tienen una mayor reactividad de la amígdala, por lo que reducir esa reactividad puede ayudar a mitigar la ansiedad y aliviar la depresión.[4]

La memoria y el hipocampo

¿Cuándo fue la última vez que fuiste verdaderamente feliz? A quienes sufren de depresión suele costarles recordar momentos más felices, pero no tienen problemas para acordarse de las cosas tristes. De esta tendencia de la memoria es responsable el hipocampo, localizado en lo más profundo del cerebro, junto a la amígdala; también tiene fuertes conexiones con el hipotálamo. La principal función del hipocampo es convertir los recuerdos a corto plazo en recuerdos a largo plazo. Es como hacer clic en «guardar» sobre un nuevo documento para almacenarlo en el disco duro del ordenador. El hipocampo es el botón de «guardar»; sin él, no podrías formar nuevos recuerdos. Especialmente le gusta guardar recuerdos emocionales (cuando hiciste tu primer muñeco de nieve, lo que le dijiste a tu amor del instituto que tanta vergüenza te da, la estupenda excursión del año pasado para hacer esquí...). En cierta manera en la depresión esto es un problema, ya que los nuevos recuerdos que forma tu hipocampo tenderán a ser negativos.

Sin embargo, el hipocampo hace mucho más. También es fundamental para la *memoria activada por el contexto*, que demuestra que es más fácil recordar algo que se relaciona estrechamente con tu situación actual.[5] Por ejemplo, es más fácil rememorar recuerdos de tus días de estudiante si estás visitando a tu antiguo compañero de universidad, porque el contexto es el mismo. Desafortunadamente, en la depresión hay un gran inconveniente para la memoria dependiente del contexto. Como el «contexto» es la depresión, todos los recuerdos felices que son fáciles de recordar cuando estás de buen humor se desvanecen de repente. Mientras tanto, recuerdas con excesiva facilidad todas las tragedias de tu vida.

En la depresión, el hipocampo no solo muestra anomalías de actividad, sino que también tiende a tener un menor tamaño.[6] Es probable que su pequeñez sea el resultado del estrés crónico, que puede dañar y destruir neuronas. La depresión es estresante y por lo tanto interrumpe el buen funcionamiento del hipocampo. Afortunadamente, es posible generar nuevas neuronas en el hipocampo, y lo veremos más adelante en el libro.

La atención y la corteza cingulada

En mi último año de universidad, cuando me sentía tan agobiado, me costaba trabajo prestar atención en clase y no podía quitarme de encima la sensación de que estaba echando a perder mi carrera. La dificultad para concentrarse es otro síntoma de la depresión, como lo es un mayor enfoque en lo negativo; ambos dependen de la corteza cingulada. En concreto la parte frontal de la cingulada (la *cingulada anterior*) es la que tiene mayor impacto en la depresión. La cingulada anterior está cubierta por la corteza prefrontal y estrechamente conectada a ella; a menudo funciona como una puerta que comunica las regiones límbicas y prefrontales. La cingulada anterior nota todos tus errores, desempeña un papel fundamental en el circuito del dolor y contribuye a la tendencia a fijarte en todo lo que va mal.[7]

Recréate en los recuerdos felices. Los recuerdos felices aumentan la serotonina de la cingulada anterior (capítulo ocho). Trata de recordar algo agradable antes de acostarte, escríbelo en un diario o sencillamente reflexiona sobre ello. La cingulada anterior es como la pantalla de tu ordenador. Hay una gran cantidad de datos en el disco duro de tu ordenador, pero la pantalla muestra solo la parte a la que estás prestando atención, y tiene un gran impacto en lo que terminas haciendo. En la depresión, la actividad de la cingulada anterior ayuda a explicar por qué sueles centrarte en lo negativo.

Curiosamente, el neurotransmisor serotonina está altamente concentrado en la cingulada anterior. Eso es importante para la depresión, porque la serotonina es el sistema neurotransmisor al que más suelen dirigirse los medicamentos antidepresivos. De hecho, la actividad de la cingulada puede indicar quién va a mejorar con los antidepresivos y quién no (esta es una referencia a mi tesis).[8] Además, estimular directamente la cingulada anterior con electrodos puede mejorar mucho los síntomas depresivos.[9] Afortunadamente, hay otras maneras de cambiar su actividad, aparte de las drogas o los electrodos. Las veremos más adelante.

Las partes conectadas

Además de la corteza prefrontal y el sistema límbico, otras dos regiones desempeñan papeles importantes en la depresión: el *cuerpo estriado* y la *ínsula*. Ambas están estrechamente conectadas al sistema frontal límbico y, de hecho, a veces los científicos agrupan partes de estas en dicho sistema.

Los hábitos, el disfrute, la adicción y el cuerpo estriado

La depresión suele ir acompañada de malos hábitos como la impulsividad, la falta de capacidad para afrontar las situaciones, la adicción y la postergación. También puede incluir fatiga o desmotivación. Estos hábitos perjudiciales son causados principalmente por la actividad interrumpida en el *cuerpo estriado*, que es una antigua región subcortical a mucha profundidad bajo la superficie que heredamos de los dinosaurios. El cuerpo estriado tiene dos partes principales que son especialmente importantes en la depresión: la parte superior, conocida simplemente como *estriado dorsal*, y la parte inferior, denominada *núcleo accumbens*. Ambas partes dependen en gran medida de que el neurotransmisor dopamina funcione correctamente.

El cuerpo estriado dorsal es el circuito del hábito del cerebro; controla la mayoría de tus buenos y malos hábitos. Como tus hábitos son comportamientos que llevas a cabo automáticamente, sin pensar, una vez que creas un buen hábito este tiene el poder de cambiarte la vida sin que medie el pensamiento consciente. En la depresión, la disminución de la actividad de la dopamina en el cuerpo estriado dorsal es principalmente responsable de los sentimientos de fatiga.

El cuerpo estriado

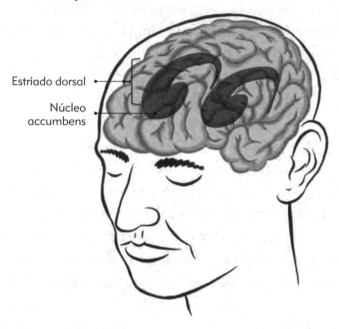

Estriado dorsal

Núcleo
accumbens

Por el contrario, el núcleo accumbens es el «animador» del cerebro. Está estrechamente conectado con el sistema límbico y a menudo se considera parte de este. Es en gran medida responsable del comportamiento impulsivo, como comer demasiados dulces, o incluso de la adicción a las drogas. La dopamina se libera en el núcleo accumbens cada vez que haces algo divertido y excitante, o que al menos se supone que lo sea. En la depresión, la actividad reducida de la dopamina en el núcleo accumbens explica por qué nada nos resulta placentero.

El dolor y la ínsula

Una mujer sufre un pequeño accidente automovilístico y termina con un latigazo cervical. Al principio, el dolor en el cuello no es tan malo, y su médico le dice que se pondrá mejor en unas semanas. Pero comienza a empeorar. Trata de no girar la cabeza por miedo a sufrir un dolor agudo. Su médico está perplejo, porque según la resonancia todo está normal. Sin embargo, el dolor crece tanto que le cuesta conducir, ir a trabajar o incluso salir de casa. Poco a poco se va sintiendo más sola y más deprimida.

La ínsula

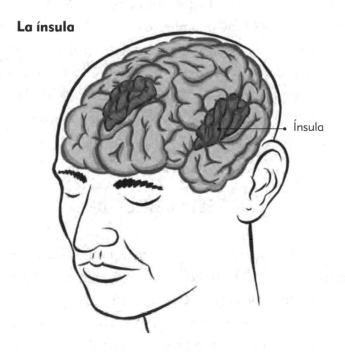

Ínsula

No todo el mundo desarrolla dolor crónico por lesiones, pero desafortunadamente el cerebro de algunas personas es más reactivo al dolor, y esto las pone en riesgo de caer en una espiral descendente. Quienes tienen depresión son más propensos a sufrir de dolor crónico y tienden a preocuparse más por enfermar. Estos síntomas surgen de una mayor conciencia de las sensaciones corporales, que depende de la ínsula.

La ínsula es parte de la corteza que se pliega hacia dentro a unos cinco centímetros de los oídos, situada cerca de la amígdala y el hipocampo. Es una de las principales regiones del circuito del dolor y contribuye de forma más general a la conciencia corporal. En las personas con depresión, la ínsula muestra una actividad elevada,[10] porque está más ajustada para notar dolor, la frecuencia cardíaca elevada, los problemas respiratorios y otras complicaciones del funcionamiento corporal. Una mayor actividad insular nos hace exageradamente conscientes de cualquier problema del cuerpo, incluso los más leves, y hacemos una montaña de un grano de arena. Calmar la actividad insular puede ayudar a reducir el dolor y las preocupaciones sobre las enfermedades.

TODO ESTÁ CONECTADO

Cada región descrita anteriormente tiene conexiones específicas con otras regiones. Desafortunadamente, hay un número casi excesivo de conexiones que tener en cuenta, así que me centraré principalmente en las regiones en sí. Pero solo como un ejemplo, la cingulada anterior se conecta al ventromedial y la corteza prefrontal dorsolateral, la ínsula y la amígdala. La corteza prefrontal dorsolateral se conecta a la corteza prefrontal ventral, así como al estriado dorsal y el hipocampo. Las partes de la corteza prefrontal ventral se conectan a la amígdala y el núcleo accumbens. Y el fémur está conectado al hueso de la cadera.

Una región del cerebro puede formar parte de varios circuitos. Imagínate cada región cerebral como un aeropuerto y cada circuito como una determinada línea aérea que vuela a diferentes partes del país. Al igual que las líneas aéreas operan de forma independiente, pero dependen de los mismos aeropuertos, los circuitos neurales dependen de las mismas regiones cerebrales. Y como los circuitos neurales dependen de algunas de las mismas regiones del cerebro, interactúan dinámicamente. Con los viajes aéreos, un problema de tráfico en el aeropuerto de Madrid puede llevar a retrasos en Barcelona o a cancelaciones en París; del mismo modo, en el cerebro la mayor actividad de la amígdala emocional puede cambiar el foco de atención de la cingulada anterior, así como los hábitos controlados por el cuerpo estriado dorsal. Y la neurociencia afina todavía más.

A menudo diferentes regiones dependen de diferentes neurotransmisores. Por ejemplo, la corteza prefrontal se basa mucho en la serotonina y la norepinefrina para funcionar correctamente, mientras que el cuerpo estriado depende sobre todo de la dopamina. Esto significa que los cambios en estos neurotransmisores pueden tener grandes efectos en estas regiones.

¿QUÉ LE PASA A MI CEREBRO?

Esa es una pregunta engañosa. A tu cerebro no le pasa nada, del mismo modo que el aire de Oklahoma no tiene nada de malo, a pesar de los devastadores tornados. Igualmente, el ajuste específico de tu circuito de toma de decisiones puede contribuir a que tu cerebro se quede atrapado en la depresión, lo mismo que el ajuste específico de tu circuito de hábito, de tensión, de memoria, social, etcétera, puede contribuir potencialmente a una espiral descendente de depresión, cuando se dan las condiciones adecuadas.

Es importante entender que si tienes depresión, a tu cerebro no le ocurre nada malo: todos tenemos los mismos circuitos neuronales, la misma estructura cerebral básica. Sin embargo, las conexiones específicas entre las neuronas son diferentes en cada persona, por lo que la actividad dinámica y la comunicación que fluyen a través de tus circuitos es tan única como tú. El ajuste específico de cada uno de tus circuitos neurales crea una tendencia a resonar en un cierto patrón. Todo el sistema resuena con tus pensamientos, tus interacciones y los eventos que te suceden, y por desgracia, cada perturbación tiene el potencial de establecer el patrón depresivo en tu cerebro. Cada circuito presenta un patrón de actividad y reactividad estándar determinado, y varía de un individuo a otro. Cuando un circuito se activa más fácilmente, decimos que es más *reactivo* o *excitable*. Por ejemplo, dependiendo de la excitabilidad del circuito de preocupación, algunos individuos se preocupan más, y otros se preocupan menos. Y dependiendo de las conexiones neuronales en el circuito de la toma de decisiones, algunos son más decididos que otros.

En mi caso, tengo tendencia a sentirme solo, especialmente cuando he estado escribiendo todo el día. No sé por qué, sencillamente esa es la tendencia de mi circuito social. Quizá otros escritores no sientan lo mismo, pero eso a mí no me sirve de nada. Así que si sé que tengo tendencia a sentirme solo, debería hacer un plan de antemano para pasar un rato con los amigos tras muchas horas de escritura. Pero ahí está el problema. Con frecuencia hacer planes me estresa. Desconozco el motivo, pero esta es la tendencia de mi circuito de planificación. Puede que muchos disfruten haciendo planes, pero yo no. En mi caso, las tendencias de estos dos circuitos cerebrales podrían atraparme en una espiral descendente. La soledad hace que me sienta mal y podría solucionarse planificando, pero hacer planes me estresa y también me hace sentir mal. Y cuanto peor me siento, más me cuesta planificar. Así que estos dos circuitos se alimentan el uno del otro y van agrandando el problema como una bola de nieve fuera de control, igual que el pitido desagradable de un micrófono y un altavoz al acoplarse.

Como conozco mis tendencias, puedo elegir escribir en una cafetería en lugar de quedarme en casa; o puedo quedar después con un amigo para ir a almorzar, salir a correr o hacer infinidad de pequeños cambios en la vida cotidiana que podrían mejorar mi situación. Y, de hecho, desde que comprendí esto mi salud mental ha mejorado enormemente.

Mi amiga Janice no tiene problemas de soledad ni de toma de decisiones, tiene uno diferente. Necesita hacer ejercicio todos los días, de lo contrario se desanima. Esa es su naturaleza. El problema es que cuando se siente deprimida, no tiene ganas de hacer ejercicio. Así que no lo hace y luego se siente aún peor. Su cerebro la ha metido en una espiral descendente.

A veces la mejor solución no es siempre la más directa. Resulta que otras actividades, como pasar un rato con amigos, dormir mejor o incluso expresar más gratitud, podrían ayudar a que el cerebro de Janice saliera de su rutina. Como todos nuestros circuitos cerebrales interactúan para mantenernos atrapados, cambiar la actividad en un circuito puede tener un efecto dominó en todo el sistema.

Las personas se preocupan de cosas diferentes y tienen diferentes agentes desencadenantes que las estresan. Para algunos la planificación es estresante, pero para otros puede ser reconfortante. Hay gente a la que le preocupa mucho estar sola, y otra que necesita mucho tiempo en soledad. Las diferentes tendencias de sus diferentes circuitos cerebrales significan que todos tenemos distintas espirales descendentes en las que es probable que quedemos atrapados, y por lo tanto diferentes espirales ascendentes que harán que nos sintamos mejor. El truco es encontrar la adecuada para ti, y espero que este libro te ayude a hacerlo.

¿CÓMO LLEGÓ A ESTAR ASÍ TU CEREBRO?

Mi abuela sufría una depresión tan grave que tuvo que ser hospitalizada, y mi cerebro heredó algunas tendencias similares. Además de la genética hay otros muchos factores que ajustan los circuitos del cerebro. Tus experiencias de los primeros años de vida, el estrés de tu vida actual y el nivel de apoyo social con el que cuentas pueden influir en tus circuitos para acercarte a la depresión o alejarte de ella.

Los genes no determinan tu destino. Sin embargo, guían el desarrollo de tus circuitos cerebrales. Por ejemplo, un gen particular en el sistema de la serotonina afecta al desarrollo de la cingulada anterior y a sus interacciones con la amígdala y aumenta tu riesgo de depresión.[11] Así que tus genes pueden darte un circuito cerebral más proclive a la depresión.

Las experiencias de los primeros años de la infancia también determinan el ajuste de tus circuitos, incluso el estrés que tu madre experimentó mientras estaba embarazada de ti,[12] y tu cerebro sigue desarrollándose activamente hasta que tienes al menos veinte años. Y dado que la corteza prefrontal es la que necesita más tiempo para madurar, es susceptible al estrés durante mucho tiempo. Circunstancias estresantes de vida durante la niñez y la adolescencia pueden alterar el desarrollo de los circuitos neurales y cambiar los niveles de varios neurotransmisores.

El tercer gran factor que configura el ajuste de tus circuitos es el nivel de estrés actual en tu vida. ¿Tienes un trabajo que detestas? ¿O estás desempleado? ¿Tu hipoteca se cierne sobre ti como una espada de Damocles? ¿Tienes problemas de salud? ¿Tu novio te engañó? Todos estos elementos activan el circuito de estrés del cerebro, que puede arrastrar a otros circuitos en una espiral descendente.

El cuarto factor es la cantidad de apoyo social en tu vida. Los seres humanos somos animales sociales. Nos necesitamos unos a otros y estamos destinados a estar cerca de otras personas. Una y otra vez, los estudios científicos han demostrado que las relaciones cercanas ayudan a protegerse contra la depresión. Ten en cuenta que lo que importa no es la cantidad de amigos que tienes, sino la calidad de esas relaciones. Si no cuentas con nadie con quien hablar o hacer las cosas, o si te sientes desconectado de los que te rodean, hay un gran potencial para una espiral descendente.

Por último, el factor suerte también juega un papel. Quizá no te guste escucharlo, pero es verdad. Los sistemas complejos, como tu cerebro, están influenciados por pequeñas fluctuaciones. Esto explica por qué algunos días hay un atasco de tráfico y otros el tráfico fluye sin problemas. Explica por qué algunos vídeos de YouTube son virales y otros permanecen en la oscuridad. Y explica por qué te sientes bien algunos días y fatal otros. No siempre hay una explicación para cada pequeña variación en tu estado de ánimo, así que no te vuelvas loco buscándola.

La razón fundamental de que tus circuitos cerebrales actúen de la manera en que lo hacen es la evolución. El cerebro humano ha evolucionado durante millones de años, y la variación es la materia prima de la evolución. Puede haber cosas que no te gusten de cómo actúa tu cerebro, pero son solo el resultado de la evolución, y por lo general hay una buena razón para ello. Por ejemplo, a veces es bueno experimentar cierto grado de tensión; eso significa que tienes menos probabilidades de hacer algo estúpido. O en ocasiones es bueno sentirse culpable; hace menos probable que lastimes a otros en el futuro.

USAR LA ESPIRAL ASCENDENTE

Ahora sabes que la depresión surge de problemas con la comunicación frontal límbica y que se produce debido al ajuste específico de tus circuitos neurológicos. ¿Qué sucedería si pudieras cambiar un poco los ajustes de un circuito?

Resulta que puede bastar con un pequeño cambio para alejarte de la depresión y llevarte a un estado en el que te sientas más feliz. Esto se debe a que en los sistemas complejos como el cerebro, incluso un pequeño cambio puede transformar la resonancia de todo el sistema. Es posible que hayas escuchado en la previsión del tiempo que va a llover, pero luego cambia la dirección del viento, la humedad desciende solo un uno por ciento y en lugar de un día lluvioso tienes un día soleado.

Así que tal vez no entendamos la depresión por completo, pero sí conocemos los circuitos que contribuyen a ella. En el próximo capítulo, profundizaremos en la mecánica de estos circuitos y en cómo el cerebro entra en una espiral descendente. Luego, en la segunda mitad del libro, veremos cómo se puede invertir el curso de esa espiral para propulsarte a ti mismo hacia arriba.

Capítulo

2

Bloqueado por la ansiedad
y la preocupación

El otro día a las siete invité a algunos nuevos amigos a cenar. Estaba entusiasmado con la idea de impresionarlos y había pensado hacer tilapia con mantequilla y limón. Un poco de mantequilla, un poco de limón y diez minutos en el horno. ¡Perfecto! ¿Verdad?

A las seis comencé a usar la corteza prefrontal para planear todos los pasos. El arroz tardaría unos veinte minutos, más el tiempo para reposar. Había que precalentar el horno. Las verduras no tardarían mucho en cocinarse, pero tenía que picarlas primero, de manera que decidí empezar por eso. Todo parecía bastante fácil.

Saqué la tabla de cortar y estaba a punto de comenzar a picar cuando me di cuenta de que mi apartamento estaba hecho un desastre. Había periódicos arrojados sobre el sofá, ropa en el suelo y platos sucios en la mesa auxiliar. Mis amigos no habían visto nunca mi casa, y no quería que pensaran que era un desordenado. Tenía que limpiar. No era para tanto, ¿no? Empecé a hacer el mismo tipo de planificación que con la cena. Pero a los cinco segundos de comenzar, me di cuenta de que además tenía que ducharme y prepararme.

¡Qué fastidio! Podía empezar a cocinar, pero ¿y si no me daba tiempo a ducharme ni a limpiar antes de que la gente llegara? Primero tenía que limpiar, pero ¿y si la comida no estaba lista? ¿Y si mis amigos llegaban tarde? La comida se enfriaría. Comenzaba a hacer algo, luego cambiaba de idea y empezaba otra cosa. Y las manecillas del reloj seguían avanzando, de manera que cada minuto que no empleaba en hacer las cosas de la forma más eficiente posible era otro minuto perdido.

En definitiva, perdí veinte minutos preocupándome de cómo hacerlo todo a tiempo y tuve que pasar por una verdadera montaña rusa emocional para llegar hasta ahí. Al final me las apañé para terminarlo todo solo quince minutos más tarde, lo que significa que podría haberlo hecho todo perfectamente de no haber perdido tiempo preocupándome. Y con la preocupación, no me había dado cuenta del mensaje que me mandaron mis amigos en el que me decían que se retrasarían media hora.

Sí, es un ejemplo anodino de cómo preocuparse puede estorbarnos para vivir, pero de todas maneras cuando se ven desde la distancia casi todas nuestras preocupaciones parecen ridículas. Es difícil explicar exactamente por qué te preocupas por algunas cosas, pero lo haces, y eso afecta a tu bienestar. Por supuesto que en mi vida hay ejemplos más importantes que este, pero por lo general siguen el mismo patrón. Por ejemplo, cuando terminé la universidad sabía que necesitaba buscar trabajo; sin embargo, nada parecía interesante y no quería quedarme estancado en un trabajo aburrido. Podía trabajar para una gran empresa, pero ¿significaba eso que me estaba conformando con poco? Y ¿le encontraría significado? Podía trabajar para una empresa que estaba empezando, pero ¿y si tenía que dedicarle demasiadas horas y eso no me dejara tiempo para divertirme? ¿Y si la empresa fracasaba? Quizá podría enseñar, pero ¿ganaría bastante dinero para mantener una familia algún día? ¿Y dónde encontraría un buen trabajo como docente? Tal vez podía hacer algo completamente diferente, pero todo el mundo pensaría que era estúpido por haber perdido tanto tiempo en un doctorado.

Estaba reflexionando sobre todo lo que podía ir mal. Cuando intentaba pensar en mi futuro, el corazón se me aceleraba y sencillamente me abrumaba. Era más fácil no pensar en él, ignorar el hecho de que la fecha de la graduación se acercaba cada día más, lo que, obviamente, solo empeoraba las cosas. Tanto si se trataba de una cena como de todo mi futuro, en ambos casos estaba anticipando todo lo que podía ir mal, y eso me hacía pensar en más cosas que podían ir mal, hasta que me quedé atrapado en un bucle de preocupación, ansiedad e indecisión. Es incómodo sentir el peso del futuro oprimiéndote, quedarte atrapado en ese momento breve que se abre entre los errores que cometiste en el pasado y los que vas a cometer en el futuro. Quizá conozcas la sensación.

La preocupación y la ansiedad son dos grandes síntomas (y causas) de la depresión. La preocupación involucra principalmente a las conexiones entre varias partes de la corteza prefrontal y la cingulada anterior. En comparación con esto, en la ansiedad participan los circuitos del sistema límbico. Por lo tanto, no hay motivos para que te enfades contigo por sentir ansiedad o preocuparte mucho; es solo un producto derivado de la evolución de tu cerebro. Afortunadamente, la comprensión de los circuitos cerebrales implicados en la preocupación y la ansiedad puede proporcionarte un mejor manejo de la situación.

POR QUÉ SE PREOCUPA TU CEREBRO

Sería maravilloso que nunca sintieras preocupación o ansiedad, pero no es así como está programado tu cerebro. Esos circuitos tan útiles que nos permiten proyectar, solucionar problemas y tomar decisiones son los mismos que nos hacen preocuparnos. Y los circuitos que nos mantienen fuera de peligro son los mismos que nos causan ansiedad. Es el equivalente a como las características que hacen que disfrutemos tanto conduciendo un Ferrari (por ejemplo, un gran motor) son las mismas características que le hacen consumir gasolina en exceso. Las cualidades tienen también su lado negativo.

> **Toma una decisión.** La ansiedad y la preocupación están provocadas por la posibilidad, no por la certeza. De hecho, mucha gente es menos feliz cuando dispone de más opciones, porque tienen más de lo que preocuparse.[1] Cuando todo está en el aire, la amígdala se vuelve más reactiva.[2] De manera que si tiendes a preocuparte, reduce tus opciones y toma decisiones rápidas siempre que puedas. En cuanto tomes una decisión, por pequeña que sea, todo empezará a parecerte más manejable (veremos esto más a fondo en el capítulo seis).

Una cosa que hace especiales a los seres humanos es el hecho de que tenemos una gran corteza prefrontal. La corteza prefrontal nos permite resolver problemas complejos de matemáticas, montar muebles de Ikea, enviar astronautas a la Luna y celebrar cenas con éxito. Piensa en una partida de ajedrez. ¿Cómo sabes qué movimiento hacer? Miras el tablero y haces una simulación mental. Puedes mover el caballo, pero luego tu oponente podría quitarte el alfil, aunque eso le haría exponer a su rey. De modo que primero deberías mover el alfil de manera que tu contrincante no pueda llevárselo cuando muevas el caballo. Todos estos pensamientos ocurren en la corteza prefrontal. Es como una máquina de realidad virtual que te permite imaginar el futuro y predecir las consecuencias de tus acciones. La corteza prefrontal dorsolateral está involucrada especialmente en este tipo de planificación,[3] aunque la corteza prefrontal medial también conecta con la amígdala emocional y es particularmente importante para decidir cómo te sentirás sobre el futuro que estás imaginando.

Así que ¿cuál es la diferencia entre planear y preocuparse? La respuesta es realmente solo la cantidad de procesamiento emocional y autodirigido en la corteza prefrontal medial y en la cingulada anterior: cómo de vigorosamente reaccionan estas regiones a las posibles circunstancias futuras. La planificación y la resolución de problemas implican proyectarte a ti mismo o a otras piezas de información en el futuro y evaluar cómo te sentirás con un determinado resultado. Preocuparse tiene las mismas características pero está tintado con emociones más negativas. Preocuparse empeora tu estado de ánimo, y cuando tu ánimo está peor, te preocupas más, que es la clásica espiral descendente.[4]

En un estudio realizado con resonancias magnéticas funcionales (un tipo de exploración cerebral que se centra en la circulación de la sangre), científicos italianos pedían a los participantes que pensaran en las áreas de su vida que más les preocupaban. Observaron a individuos con ansiedad y a un grupo de control. Descubrieron que tanto el grupo de control como el grupo que sufría ansiedad activaban las mismas regiones prefrontales y límbicas: la corteza prefrontal dorsomedial y la cingulada anterior.[5] Eso demuestra que quienes sufren trastornos de ansiedad tienen el mismo circuito neurológico para la preocupación que la gente «sana». La diferencia entre ambos grupos era sencillamente que aquellos con problemas de ansiedad se habían quedado estancados en la preocupación. En esencia, el circuito de comunicación entre la corteza prefrontal y la cingulada anterior se había quedado permanentemente «encendido».

Mientras planeaba los pasos para hacer la cena, estaba participando en una comunicación entre la corteza prefrontal y el sistema límbico. Mi corteza prefrontal imaginaba posibles situaciones de futuro y luego interrogaba al sistema límbico para ver cómo se sentiría en ellas. La primera vez, cuando estaba tranquilo y simplemente decidiendo los pasos que debía seguir para hacer la cena, mi corteza prefrontal no tenía ningún problema en filtrar y organizar toda la información. Pero luego tuve un pensamiento fugaz: «¿Qué pasará si no consigo terminarlo todo a tiempo?», y eso me hizo pasar de planificar decididamente a quedarme atrapado en un bucle de preocupación y descender aún más hacia la ansiedad.

Enseguida hablaremos sobre la ansiedad, pero la idea básica es que cuando el sistema límbico está excesivamente activo, es como subir el volumen de las emociones negativas. En ese punto, el simple hecho de planear se vuelve más difícil, porque la comunicación normal frontal-límbica queda abrumada por los gritos del sistema límbico. Cuando te encuentras en un estado de ánimo negativo, casi todos los resultados que tu corteza prefrontal puede calcular están impregnados de un poco de negatividad. Cualquier decisión que tomes te parece que va a llevarte por el camino equivocado, y rápidamente te agobias pensando en todo lo malo que te puede suceder.

LA DIFERENCIA ENTRE LA PREOCUPACIÓN Y LA ANSIEDAD

En 1571, a la edad de treinta y ocho años, Michel de Montaigne se retiró a su torre de la biblioteca y pasó los siguientes diez años escribiendo ensayos. Reflexionando sobre su vida, señaló: «Mi vida ha estado llena de terribles desgracias, la mayoría de las cuales nunca sucedió». La preocupación y la ansiedad son las responsables de llenar tu vida de catástrofes imaginarias.

La preocupación y la ansiedad son conceptos distintos pero relacionados: puedes tener preocupación sin ansiedad y ansiedad sin preocupación.[6] La preocupación se basa principalmente en el pensamiento, mientras que la ansiedad tiene más que ver con componentes físicos como sensaciones corporales (por ejemplo, un malestar de estómago) o acciones asociadas (por ejemplo, evitar una situación). Preocuparse implica la corteza prefrontal y sus interacciones con el sistema límbico, especialmente la cingulada anterior, mientras que la ansiedad implica solo el sistema límbico, principalmente las interacciones entre la amígdala, el hipocampo y el hipotálamo. En esencia, la preocupación es *pensar* sobre un problema potencial y la ansiedad es *sentirlo*.

Presta atención a lo que puedes controlar. Si el futuro estuviera completamente bajo nuestro control (o al menos fuera predecible), no habría motivo para sentir ansiedad. Sentir que uno tiene el control reduce la ansiedad, la preocupación e incluso el dolor.[7] Estos efectos se deben a la corteza prefrontal dorsolateral, de manera que fortalecer la actividad dorsolateral ayuda a crear una espiral ascendente.[8] Para hacerlo basta con que prestes más atención a lo que está bajo tu control; esto ayuda a modular la actividad cerebral y reduce rápidamente la ansiedad.

Cualesquiera que sean sus diferencias, tanto la preocupación como la ansiedad pueden impedirte que vivas bien. Cuando utilizas tus circuitos de planificación y solución de problemas para preocuparte, no puedes usar esa parte de tu cerebro para asuntos más importantes, como sobresalir en tu trabajo u organizar una cena. Te impide centrarte en lo que estás haciendo y a menudo causa que sea más difícil de conectar con otros. Y, más importante aún, puede ser agotador. La ansiedad hace que la mayoría de las situaciones parezcan más difíciles de lo que tendrían que ser, lo que te impide disfrutar.

Otro problema con la preocupación y la ansiedad es que a menudo se alimentan entre sí. Y te daré diez puntos si ya identificaste eso como una espiral descendente.

POR QUÉ TU CEREBRO SUFRE ANSIEDAD

Como he comentado brevemente, la ansiedad depende de la activación del circuito del miedo: el mismo circuito neural que nos mantiene fuera de peligro.

El miedo activa la respuesta de estrés del cuerpo, preparándolo para que se enfrente al peligro o huya de él. Esto depende del sistema límbico, principalmente en las conexiones entre la amígdala y el hipotálamo. La amígdala es responsable de reconocer las situaciones peligrosas y el hipotálamo activa la respuesta de lucha o huida (en otras palabras, el sistema nervioso simpático), desencadenando la liberación de hormonas de estrés como el cortisol y la adrenalina.

Respira hondo. Tomar una respiración lenta y profunda, inhalando y luego exhalando despacio, calma de verdad el sistema nervioso simpático y reduce el estrés (como luego veremos en más profundidad en el capítulo nueve).

La ansiedad y el miedo activan la misma respuesta de estrés en el cerebro y en el resto del cuerpo, pero la ansiedad es diferente del miedo. La diferencia estriba en el peligro *real* y el peligro *potencial*. El miedo es una respuesta al peligro real que está justo aquí, ahora mismo, mientras que la ansiedad es una preocupación por lo que podría ocurrir, situaciones que pueden ser impredecibles y que quizá no esté en tu mano controlar. Dicho de otro modo, el miedo viene de ver a un león saltar desde la maleza y empezar a correr hacia ti. La ansiedad viene de observar un movimiento en la maleza y dar por hecho que hay un león escondido tras ella. Y la ansiedad está conectada a la anticipación del peligro, que es por lo que alguna gente evita por completo ir a los sitios donde hay maleza, ya que podría haber leones allí. La ansiedad activa el sistema límbico tal y como lo hace el miedo (como cuando realmente ves al león saltar hacia ti) y aunque esto podría parecer lamentable, de hecho, la sensibilidad del sistema límbico es una de sus mayores ventajas evolutivas.

Quédate con lo suficientemente bueno. La preocupación a menudo se desencadena por querer hacer la elección perfecta o tratar de sacarle el máximo partido a todo. Al comprar un coche usado, quieres que sea barato, fiable, seguro, atractivo, del color adecuado y que gaste poca gasolina. Lamentablemente, lo más probable es que ninguna opción reúna lo mejor de todas esas características. Si intentas tener lo mejor de todo, es probable que te quedes paralizado por la indecisión o insatisfecho con tu elección. De hecho, se ha demostrado que esta actitud de «elegir solo lo mejor» incrementa la depresión.[9] Así que no intentes hacer la cena más increíble del mundo; empieza por hacer simplemente una buena cena. No trates de ser el padre perfecto; solo sé una buena persona. No quieras ser lo más feliz posible; sencillamente alégrate.

Mientras que la corteza prefrontal evolucionó para resolver problemas complejos, el sistema límbico es más bien un detector de tendencias, un conector de ideas y un descubridor de patrones. Cada vez que sucede algo malo (como que te persiga un león), el sistema límbico trata de descubrir todo lo que llevó a esa circunstancia para poder evitarla en el futuro. Esto lo hace tu cerebro mediante la comunicación entre la amígdala y el hipocampo. Como el hipocampo es responsable de la memoria, cuando sucede algo negativo, tu sistema límbico intenta conectar eso a algún recuerdo de tu memoria reciente que podría haberlo anticipado. De esa manera, en el futuro, podrás predecir lo malo antes de que suceda. Para entenderlo, imagínate que eres lanzador de béisbol y tienes una gorra que llevas siempre puesta.

Un día no la usas, y juegas fatal, algo que te hace sentir mucha vergüenza. Tu sistema límbico quiere evitar esa sensación en el futuro, de manera que se fija en lo siguiente: «¡Eh, me olvidé de ponerme la gorra! Debe de ser por eso por lo que fallé». Aunque no llevar tu gorra de la suerte probablemente no fue lo que te hizo jugar mal, una vez que tu sistema límbico asume una posible conexión, es difícil desaprenderla. A partir de ahí, no llevar la gorra desencadena la ansiedad. La ansiedad no tiene siempre un componente consciente; puede ser simplemente una sensación, como un malestar estomacal o dificultad para respirar. A menudo cuando crees que estás enfermo, en realidad es la manifestación física de la ansiedad.

POR QUÉ LA PREOCUPACIÓN Y LA ANSIEDAD PUEDEN SER BUENAS

No hay nada que sea inherentemente mejor en las personas que se preocupan menos o sienten menos ansiedad, ni es siempre beneficioso. A veces se preocupan y la ansiedad puede ser útil. Tu cerebro evolucionó de esa manera para mantenerte vivo. Preocuparte te hace pensar profundamente en los problemas, en lugar de aceptar la primera respuesta que viene a la mente, y la ansiedad te ayuda a mantenerte a salvo. Si siempre esperaras a encontrarte en una situación peligrosa para activar la respuesta al miedo, te encontrarías con muchas situaciones peligrosas. Hace un millón de años, uno de los primeros humanos vio una cueva y dijo: «Creo que voy a echarle un vistazo». Su amigo era un poco más aprensivo y le respondió gruñendo: «No estoy seguro de que sea una buena idea». Y ¿sabes qué? Al primer tipo se lo comió un oso y el segundo es tu antepasado.

Así que no te molestes contigo si sientes ansiedad. Tu cerebro está tratando de ayudarte. Desafortunadamente, las tendencias específicas de tus circuitos de ansiedad y preocupación a veces interfieren en tu capacidad de ser feliz. El problema es solo que estos circuitos pueden activarse con demasiada frecuencia o interactuar entre sí para mantenerte bloqueado. Afortunadamente, reconocer cómo funciona tu cerebro es un paso clave hacia la atención plena y la aceptación, lo que puede ayudarte a combatir la preocupación y la ansiedad.

EL ABC DE LA ANSIEDAD

Jerry se siente mal en los aviones, los ascensores y los edificios altos. A Anya le incomoda hablar con desconocidos y no le gustan las fiestas. Dana siente palpitaciones cardíacas cuando tiene que dar una charla en el trabajo. Hay muchas clases de ansiedad. Existe la ansiedad social y la ansiedad del rendimiento e incluso la ansiedad general, que te hace sentir ansiedad por todo. Pero todas siguen el mismo patrón básico, y es tan fácil de recordar como ABC.[10]

A de «alarma». Haces una observación sobre algo que te parece preocupante (por ejemplo: «El corazón se me está acelerando» o «¿Por qué se están agitando esos matojos?»). Dependiendo de la situación, la alarma es mediada por la cingulada anterior, la amígdala o incluso el hipocampo. La cingulada anterior, de la que te hablaré más en el capítulo siguiente, controla tu atención y está diseñada para notar problemas. La amígdala también está preparada para detectar situaciones amenazantes. Por último, el hipocampo es particularmente bueno para notar similitudes sutiles entre situaciones dispares. Cualquiera de estas regiones puede desencadenar una alarma, y a partir de ahí tu cerebro pasa al siguiente paso del patrón.

B de *belief* ('creencia'). Evalúas la alarma y creas una creencia sobre la observación que acabas de hacer («Estoy teniendo un infarto» o «Hay un león en la maleza»). Las creencias suelen ser subconscientes; con frecuencia ni siquiera te percatas de ellas. El sistema límbico trata con las creencias inconscientes, mientras que la corteza prefrontal ventromedial trata con las conscientes.[11] Para guiar tu comportamiento, no necesitas pensamientos conscientes como: «Oh, esta maleza es peligrosa»; basta con tener el corazón acelerado y el estómago retorciéndose. Lo que sucede a continuación determina si todo acabará en una espiral descendente o no.

Evita catastrofizar. La ansiedad se ve exacerbada por la visión de la peor situación posible: un proceso conocido como «catastrofización» (por ejemplo, tu amigo no vuelve a llamar inmediatamente, por lo que concluyes que se ha enfadado contigo). Por lo general comienza con una preocupación perfectamente razonable, y luego, a través de una suposición incorrecta, se te va de las manos y empiezas a imaginarte lo peor. La verdad es que, en primer lugar, no puedes controlar el hecho de notar la «alarma», pero puedes reducir su impacto negativo. Antes que nada, acuérdate de las causas más probables (y mejores): («Tal vez mi amigo esté ocupado ahora»). En segundo lugar, tanto si la peor suposición es probable como si no, haz un plan para lidiar con ello (por ejemplo: «Si a los tres días no me llama, lo volveré a llamar» o incluso: «Si ya no le gusto a mi amigo, saldré con otro»). Planificar tu respuesta a situaciones estresantes puede aumentar la norepinefrina prefrontal y calmar el sistema límbico, y esto te ayudará a sentir que tienes un mayor control sobre dichas situaciones.[12]

C de *coping* ('afrontar'). Afrontar es cualquier cosa que hagas con relación a la creencia. ¿Respiras profundamente y te dices a ti mismo que todo irá bien? ¿Te asustas? Sí, asustarte es una forma de afrontar las cosas. Pero, aunque te da cierta sensación de control, no es la respuesta más eficaz. Tampoco lo es comer helado y ver la televisión. El ejercicio es una forma más productiva de hacer frente, lo mismo que llamar a un amigo o respirar tranquilamente; pero si todos estos sistemas productivos de afrontamiento fueran ya parte de tu circuito de hábito, probablemente no tendrías problemas de ansiedad. Afrontar suele entrar dentro del dominio del cuerpo estriado, que controla los hábitos, y lo veremos en el capítulo cuatro. Y si estás tratando de cambiar tus hábitos, la corteza prefrontal está implicada, y veremos esto en el capítulo ocho.

CREAR UNA ESPIRAL ASCENDENTE PARA COMBATIR LA ANSIEDAD O LA PREOCUPACIÓN

Una compañera de trabajo me contó una vez lo mucho que las benzodiazepinas le ayudaban a aliviar la ansiedad. La benzodiazepina es un medicamento que realza el neurotransmisor inhibitorio GABA y suprime la actividad de la amígdala. Pero hay también muchas maneras de calmar el sistema límbico ansioso que no requieren una receta. En realidad, la corteza prefrontal es perfectamente capaz de calmar la amígdala y de crear una espiral ascendente.

El primer paso es simplemente reconocer tu ansiedad o preocupación cuando se presente. Ser consciente de tu estado emocional activa la corteza prefrontal y le permite suprimir la amígdala. Por ejemplo, en un estudio de resonancia magnética apropiadamente titulado «Poniendo sentimientos en palabras», los participantes vieron imágenes de personas con expresiones faciales emotivas. Prediciblemente, la amígdala de cada participante se activó con las emociones de la imagen. Pero cuando se les pidió que nombraran la emoción, la corteza prefrontal ventrolateral activó y redujo la reactividad de la amígdala emocional.[13] En otras palabras, reconocer conscientemente las emociones redujo su impacto.

Una característica insidiosa de la ansiedad es que podrías tener un problema y ni siquiera darte cuenta. Mucha gente apenas nota los síntomas físicos y no reconoce que se trata de ansiedad. Si te cuesta respirar y sufres mareos, tensión muscular, malestar estomacal, dolor en el pecho o sencillamente experimentas un sentimiento general de temor, podría tratarse de ansiedad. Ser consciente de ello es un paso fundamental para solucionarlo, porque no puedes arreglar algo si primero no sabes que está ahí.

Curiosamente, una de las formas más habituales de afrontar la ansiedad es preocuparse por ello. De hecho, preocuparse puede ayudar a calmar el sistema límbico aumentando la actividad prefrontal medial y disminuyendo la actividad de la amígdala.[14] Eso puede parecer contraproducente, pero solo va a demostrar que si sientes ansiedad, hacer algo al respecto, incluso preocuparte, es mejor que no hacer nada.

Sin embargo, como puedes imaginar, preocuparte no es el mecanismo más apropiado para hacerte cargo de algo. Te ofrece una sensación de control sobre una situación, aunque sea ilusoria, pero desafortunadamente no te libera de una espiral descendente, lo mismo que el helado (o el *whisky*) podría hacerte sentir mejor momentáneamente, pero en realidad no hace nada por solucionarte el problema.

Además, a menudo sentimos ansiedad por una cosa, pero nos preocupamos por otra. Por ejemplo, cuando me preocupaba por tener preparada a tiempo la tilapia, esa no era la verdadera causa de mi ansiedad. Mi ansiedad se centraba en el hecho de ser consciente de que la cena podía retrasarse y que mi apartamento estaba hecho un desastre (esa era la «alarma») y en la consiguiente creencia de que mis nuevos amigos podrían pensar que era un vago desconsiderado y no querrían seguir siendo amigos míos. Preocuparme era solo un medio equivocado de hacer frente a esto, y con todo dependiendo de un trozo de tilapia, no me extraña que fuera un manojo de nervios.

Permanece en el ahora. Presta atención a aquello que está sucediendo ahora, y no a lo que no está sucediendo en este preciso momento. Centrarse en el presente ayuda a reducir la ansiedad y la preocupación, porque disminuye el procesamiento emocional centrado en uno mismo de la corteza prefrontal ventromedial. La atención al presente también aumenta la actividad dorsolateral y ventrolateral prefrontal, permitiendo que estas regiones calmen la amígdala.[15] La práctica conocida como *mindfulness** mejora tu capacidad de

---

* N. del T.: denominada a veces *conciencia* o *atención plena*.

permanecer presente ayudándote a restablecer estas activaciones y, a largo plazo, conduce a mejoras en la ansiedad y la preocupación.[16]

Mientras que la preocupación puede ser un parche temporal, la mejor manera de calmar el sistema límbico es entender la ansiedad subyacente. Este es a menudo uno de los objetivos principales de la psicoterapia, que se va a tratar en el capítulo doce. Por ahora, ten en cuenta el siguiente razonamiento: si estás planeando una fiesta de cumpleaños para tu hijo y te preocupas obsesivamente por el tipo de papel que vas a utilizar para las invitaciones, casi puedo garantizarte que el verdadero problema no es el papel. Tal vez es que tu cónyuge no te apoya o que tu madre es demasiado crítica. Solo tú puedes averiguarlo, y para eso tienes que examinar tus sentimientos. Esta introspección activa los circuitos prefrontales, que pueden calmar el sistema límbico. Poner las emociones en palabras (por muy cursi que suene) verdaderamente reconfigura tus circuitos cerebrales y te hace sentir mejor.

Otra gran solución es centrarse en el momento presente. Como la preocupación y la ansiedad son proyecciones de ti en el futuro, no pueden existir cuando estás completamente inmerso en el ahora. Así que presta atención a lo que está sucediendo en este momento. Si hay una amenaza real a tu seguridad, enfréntate a ella, pero si es solo ansiedad, que está latente bajo la superficie, toma nota de ella y sigue adelante. Centra tu enfoque en lo que está ocurriendo *ahora mismo*. Esta es la razón por la que los monjes budistas y los yoguis practican la *conciencia sin juicio*, el proceso de ser consciente del presente, sin ninguna reactividad emocional. Esta práctica de la atención plena corta de raíz la preocupación y la ansiedad.

Desde que aprendí todo esto, me he vuelto más consciente. Ahora, cuando organizo una cena, trato de notar el comienzo de una preocupación o de la espiral de ansiedad sin molestarme por ello. Es solo mi cerebro funcionando tal y como se supone que debe hacerlo. Reconozco que la ansiedad está arraigada en algo más profundo que la cena, y que averiguar lo que es puede ayudar. Pero a menudo puedo eliminarla con solo inspirar profundamente, recordarme que todo va a salir bien (y si no, una mala cena no es el fin del mundo) y volver a picar el brócoli.

Capítulo

Fijándose siempre en lo negativo

Me quedan diez minutos para llegar a una reunión, y voy adelantando a los coches por la autopista a toda velocidad. Al pasar a un camión grande, casi pierdo la salida y tengo que dar un volantazo para cruzar dos carriles. Algunos peatones están cruzando imprudentemente por la vía de salida; me fastidia tener que parar, pero cruzan antes de que llegue. Tres manzanas más adelante, ya estoy prácticamente fuera de peligro, solo un giro más a la izquierda. ¡A lo mejor me da tiempo! Y luego, a media manzana de distancia, veo la luz verde pasar al amarillo y a continuación, lentamente, se pone en rojo. ¡Maldita sea…! Maldita sea, maldita sea y un montón de palabras mucho más fuertes.

¿Por qué parece que cuando llegas tarde, te encuentras siempre con el semáforo en rojo más lento del mundo? Y, por supuesto, tiene que haber un gran camión de mercancías y peatones que se ponen en medio. Pero la verdadera pregunta es: ¿por qué mi cerebro se centró en el camión grande que casi me hizo perder la salida y no en el hecho de que casi no había tráfico?

¿Por qué me enfadé con los peatones a pesar de que, en realidad, no se interpusieron en mi camino? ¿Por qué me fijé en la luz roja y no en las tres luces verdes que acababa de atravesar?

A veces parece que el mundo entero conspira contra ti, como si la vida estuviera llena de situaciones desalentadoras, oportunidades perdidas y circunstancias difíciles. Quizá a ti te parezca así continuamente, pero ¿sabes una cosa? No se trata de ninguna conspiración cósmica, es solo un producto derivado de tus circuitos cerebrales.

Hay un circuito en tu cerebro que te ayuda a decidir a qué prestar atención y qué ignorar. Este circuito de atención está influenciado por el circuito de la emoción, de manera que nuestros cerebros están conectados para prestar más atención a las situaciones emocionales. Tienes un cierto control consciente sobre esto, pero en su mayor parte es algo automático e inconsciente.

Lo curioso es que nuestros circuitos emocionales se activan más fácilmente con lo negativo, lo que significa que la mayoría de la gente necesita experimentar numerosas situaciones positivas por cada situación negativa solo para que haya un equilibrio entre ambas. Además, el cerebro de algunas personas se centra automáticamente en lo negativo, lo que las pone en un mayor riesgo de depresión. Sus cerebros están sesgados hacia el dolor, la pérdida y el coste emocional de sus errores, y a menudo distorsionan los recuerdos del pasado y las expectativas del futuro. En la depresión, el sesgo negativo del cerebro es el responsable de hacer que las situaciones difíciles parezcan mucho peores de lo que realmente son. En verdad, la realidad es casi con toda certeza mejor de lo que parece: tus relaciones no están tan deterioradas, tu trabajo no es tan inútil y tu capacidad es mucho mayor de lo que alcanzas a comprender.

EL SESGO EMOCIONAL DEL CEREBRO

Una silla de madera, un bolígrafo, una manzana. Si ves fotos de estos objetos, tu cerebro no tendrá una reacción muy intensa. Pero si ves la imagen de un arma apuntando directamente hacia ti (aunque solo sea una imagen) tu amígdala inmediatamente se volverá hiperactiva. Esto se debe a que hay emoción ligada a esa imagen, y el cerebro de los seres humanos está programado para prestar más atención a la información emocional que a un hecho neutral.[1] Resulta que el circuito de prestar atención influye en el circuito de la emoción, y viceversa.[2] Y aunque esta tendencia se da en el cerebro de todos los seres humanos, es más fuerte en aquellos que padecen depresión, e incluso en quienes corren el riesgo de desarrollarla.

Dos regiones del cerebro en particular, la amígdala y la cingulada anterior, influyen en la interacción de la emoción y la atención. Es importante destacar que ambas regiones se comunican estrechamente entre sí y con la corteza prefrontal, de manera que afectar a la actividad de una región puede alterar todo el circuito e influir en tu percepción emocional del mundo.

Otro ejemplo de la respuesta automática de tu cerebro a la información emocional proviene de un estudio realizado en Suiza. Los investigadores pusieron grabaciones de voces enojadas o tranquilas para que los sujetos del estudio las escucharan.[3] Pero lo curioso es que pusieron las voces al mismo tiempo: una en el oído izquierdo y otra en el derecho. Pidieron a los sujetos que prestaran atención solo a lo que oían por la oreja izquierda o solo por la derecha. Descubrieron que la amígdala respondía a la voz enojada tanto si el individuo le estaba prestando atención como si no. La respuesta de la amígdala a la emoción no está bajo control consciente. Otras áreas del cerebro, sin embargo, como la corteza orbitofrontal, respondieron a la voz enojada solo cuando el sujeto estaba prestando atención a ella conscientemente. Esto demuestra que no tienes un control absoluto sobre la respuesta emocional automática de tu cerebro, pero sí algún control.

La cingulada anterior, al contrario que la emocionalidad general de la amígdala, juega papeles más definidos a la hora de notar lo negativo. Sobre todo, las partes dorsales y ventrales desempeñan diferentes papeles. La cingulada anterior dorsal presta especial atención al dolor,[4] a los errores que cometes[5] o a cuando piensas que algo puede salir mal.[6] En resumen, le ofrece razones a la amígdala para asustarse. En cambio, la cingulada anterior ventral intercede en los sentimientos de optimismo y ayuda a frenar la amígdala.

La emocionalidad inherente del cerebro se vuelve extrema en la depresión. Por ejemplo, un estudio mostró que las personas con mayores síntomas depresivos, así como aquellas en riesgo de depresión, eran más propensas a interpretar como emocionales expresiones faciales neutras.[7] Y no solo eso, eran más propensas a malinterpretar las expresiones neutras como tristeza. Incluso cuando las fotos no contenían emoción, sus cerebros la añadían. Piensa en las consecuencias que trae esto en la vida real. Las personas deprimidas tienen mayor tendencia a creer que los amigos están molestos con ellas, se burlan de ellas o las ignoran, *incluso cuando no están ahí*. Es fácil ver cómo a partir de ahí comienza la espiral descendente.

Además, los cerebros de quienes padecen depresión se fijan durante más tiempo en la información emocional.[8] Por ejemplo, en un estudio se mostró durante una resonancia magnética funcional una lista de palabras emocionales a sujetos deprimidos y no deprimidos. En quienes no tenían depresión, la amígdala se activó durante menos de diez segundos, pero en quienes sí la tenían permaneció activa más de veinticinco segundos. Ciertamente es difícil permanecer tranquilo y ser racional cuando la amígdala se aferra a la emoción durante tanto tiempo.

Seamos claros: no hay nada inherentemente malo en tener un cerebro más emocional. Después de todo, la emoción le añade salsa e interés a la vida. Sin embargo, cuando el aumento de la emotividad se combina con una mayor percepción de las circunstancias negativas, o con prestarles más atención, eso a menudo puede significar problemas.

LA PROPORCIÓN DE POSITIVIDAD

Por desgracia, nuestros cerebros (los de todos, seamos quienes seamos) reaccionan más intensamente a los acontecimientos negativos. Las circunstancias negativas simplemente parecen llevar más peso que las positivas.[9] Te sientes más disgustado cuando pierdes cinco euros que contento cuando te encuentras esa misma cantidad. Que una amiga te diga que eres bonita no es bastante para equilibrar el efecto de otra amiga llamándote fea.

La respuesta asimétrica a las situaciones positivas y negativas está arraigada en el procesamiento cerebral de la emoción. Las situaciones negativas causan una mayor actividad autorreferencial en la corteza prefrontal medial y también una actividad creciente en la ínsula, que es responsable de notar sensaciones viscerales.[10] Por último, también implican más respuesta emocional en la amígdala y en el hipocampo.[11] Estos cambios en la actividad cerebral sugieren que nos tomamos los hechos de una manera más personal y los sentimos más profundamente.

Todo esto significa que para ser felices en nuestra vida diaria, necesitamos una proporción alta de lo positivo con respecto a lo negativo. Y resulta que, después de considerables estudios, esa proporción es de tres a uno. Necesitamos tres comentarios positivos de un amigo por cada uno negativo, tres buenos resultados en el trabajo por cada fallo.[12] Por supuesto, no todo el mundo es igual. Esta proporción de tres a uno es solo un promedio. Algunas personas podrían necesitar solo una proporción de dos a uno y estar bien, pero otras (aquellas que sienten las pérdidas y las decepciones más profundamente) quizá necesiten una proporción más alta. Además, si tu cerebro simplemente ignora los acontecimientos positivos que te suceden, como suele ocurrir en la depresión, es posible que necesites una proporción superior.

ALGUNOS CEREBROS TIENEN UN SESGO NEGATIVO

Cuando me enteré de que me habían ofrecido un contrato para escribir este libro, me sentí eufórico... durante unos tres segundos. Enseguida comencé a preocuparme por todo lo que tenía que hacer y cuánto tiempo me tomaría, y de repente, lo único que podía pensar era: «Dios mío, ¿en qué me he metido?».

Tengo una notable capacidad para percibir lo negativo cuando todo va bien, y es algo de lo que saco bastante provecho en mis diversos papeles como entrenador personal, escritor y científico. Puedo detectar un error en una teoría. Soy capaz de ver problemas con una estrategia defensiva y averiguar cómo mejorarla. Puedo anticipar lo que podría salir mal en una situación dada, lo que me ayuda a planificar anticipándome a lo peor. Y esto a menudo es un rasgo útil. Por ejemplo, no querrías un ingeniero estructural optimista: «Estoy segurísimo de que el puente se mantendrá». Preferirías uno que comprobara cada cálculo buscando un error; lo que te vendría bien es un experto en anticipar lo que puede salir mal. Desafortunadamente, cuando este enfoque en lo negativo se expande a la vida cotidiana, puede dificultar increíblemente nuestra felicidad.

¿Por qué no puedes concentrarte más en lo positivo? ¿Qué te sucede? Si solo prestaras atención a lo positivo, serías más optimista, sufrirías menos ansiedad y serías mucho más feliz. Como probablemente ya sabes, hay cientos de libros por ahí que emplean trescientas páginas para decirte esto. Lamentablemente, esta filosofía suele significar que se culpa a las personas con depresión de su propio sufrimiento: ¿por qué no puede simplemente salir de ahí? Por supuesto, centrarse en lo positivo es uno de los principios básicos para crear la felicidad, pero no lo es todo.

Mientras que es cierto que el cerebro de todos está programado para responder más a información emocional, el tipo de información emocional con el que tu cerebro está sintonizado (y cómo responde) difiere de unos a otros.

Las amígdalas de algunas personas son más reactivas a la información emocional[13] y requieren más esfuerzo de la cingulada anterior para evitar reacciones negativas. Para otras es mucho más fácil procesar lo negativo y seguir adelante. Centrándose conscientemente en lo positivo puede ayudar, pero algunas regiones del cerebro pueden seguir centrándose en lo negativo. La pregunta es: ¿qué tipo de cerebro tienes?

Sesgo negativo: de tal palo tal astilla

Echa un vistazo a tu árbol genealógico. ¿Hay muchas ramas que sufren depresión o ansiedad? Los trastornos del estado de ánimo son hereditarios. Los hijos de padres deprimidos tienen una mayor probabilidad de desarrollar una depresión por muchas razones, entre ellas la genética, las experiencias de la niñez y los comportamientos aprendidos.

Un grupo de investigadores examinó el posible carácter genético de los sesgos negativos al estudiar a las hijas adolescentes de madres con depresión y sin ella. Descubrieron que las hijas de madres deprimidas tenían una mayor tendencia a notar las expresiones faciales negativas.[14] Darse cuenta de las emociones negativas no era algo que estas chicas hicieran conscientemente; sus cerebros tan solo procesaban de forma diferente la información emocional. Por desgracia, prestar más atención a lo negativo las pone en riesgo de una espiral descendente.

Otros estudios han descubierto más vínculos entre la genética y la depresión. Por ejemplo, una versión del gen que codifica la molécula del transportador de serotonina aumenta significativamente la probabilidad de desarrollar depresión.[15] Los cerebros de quienes tienen esta copia del gen prestan más atención a las emociones negativas y menos a las positivas.[16]

Es importante comprender que este gen también impacta negativamente las regiones del cerebro que nos ayudan a superar la depresión. Por ejemplo, la actividad en la cingulada ventral anterior aumenta los sentimientos de optimismo[17] y las probabilidades de que una persona deprimida mejore.[18] Sin embargo, quienes tienen este gen tienden a tener una cingulada ventral anterior menor, y por lo tanto menos eficaz.[19] Además, este gen también reduce la capacidad de la cingulada anterior para calmar la amígdala, lo que significa que las personas con este gen tienen amígdalas que son más reactivas a la información emocional.[20] Lamentablemente, aún no he terminado: hay algo más que puede enviar tu cerebro a una espiral descendente de negatividad...

Sesgo de atención coherente con el estado de ánimo

«La vida es un tren de estados de ánimo como un collar de cuentas; y al atravesarlos resultan ser múltiples lentes coloreadas que tiñen el mundo de su propio matiz». El poeta Ralph Waldo Emerson entendía cómo los estados de ánimo pueden cambiar la percepción, un proceso llamado *sesgo de atención coherente con el estado de ánimo*. Resulta que cuando tu estado de ánimo empeora, también lo hace el sesgo negativo de tu cerebro. Sentirse hundido significa que es más probable que notes cosas negativas sobre el mundo y sobre ti. Esto incluye la *memoria dependiente de un contexto*, mencionada en el capítulo uno, que, en ciertos contextos, hace menos probable que recuerdes los acontecimientos felices y más probable que recuerdes los tristes.

Una gran parte de este sesgo proviene del hecho de que encontrarse en un mal estado de ánimo aumenta la reactividad de la amígdala. El mal humor ni siquiera tiene que ser terriblemente malo para provocar un sesgo de estado de ánimo. En un estudio, los sujetos jugaron al ahorcado,* pero las palabras utilizadas en el juego eran negativas (como *pesadilla*). Bastó con mirar las palabras negativas para que la amígdala se volviera más reactiva emocionalmente.[21] Así que no hace falta mucho para sesgar tu cerebro.

Por supuesto, como se ha descrito anteriormente, este sesgo es aún peor en las personas con depresión. Tienden a prestar más atención a las circunstancias y emociones negativas[22] y a notar más tristeza en el mundo.[23] Tener depresión es como estar sintonizado *todo el tiempo* con el telediario. Si no vieras nada más

---

* N. del T.: juego de adivinanzas con lápiz y papel para dos o más jugadores. Usando una fila de guiones, se representa la palabra a adivinar, dando el número de letras. Si la letra que dice el jugador que debe adivinar la palabra o frase es parte de esta, el jugador principal tendrá que poner la letra en su sitio. Si la letra no forma parte, dibujará una parte del cuerpo del monigote que ha de ser «ahorcado» (brazos, piernas, torso, cabeza...). El objetivo es completar la palabra antes de que se complete el monigote.

que eso, empezarías a creer que lo único que existe en el mundo son escándalos políticos, desastres climáticos y crímenes horribles. Si tan solo pudieras cambiar de canal, verías todo lo demás que sucede, pero no puedes.

Afortunadamente, el mismo sesgo anímico que te atrapa en lo negativo también puede ayudarte a subir en una espiral ascendente. Cuando notas algo positivo o mejoras tu estado de ánimo solo un poco, a tus circuitos de emoción y atención les gusta mantener las cosas así. En la segunda mitad de este libro vamos a hablar mucho más sobre la modificación de estos circuitos, pero primero echaremos un vistazo más a fondo a los tipos de negatividad que tu cerebro registra.

Notar errores

¿Alguna vez sientes como si nada de lo que haces te saliera bien? Bueno, eso es completamente comprensible, dado que la parte superior (dorsal) de la cingulada anterior está específicamente sintonizada para notar tus errores.[24] Para ser justo, la cingulada dorsal anterior no es un cónyuge malvado que está siempre señalando tus defectos; en realidad lo que hace es tratar de ayudarte. Al cerebro le gusta tomar atajos si puede, y la mayoría de las veces está en piloto automático. Pero cuando se da cuenta de que has cometido un error, la cingulada anterior alerta a la corteza prefrontal: «Oye, esto es algo a lo que deberíamos prestar atención. Es el momento de usar un poco más la potencia de procesamiento».

Date cuenta de aquello en lo que te fijas. No puedes controlar la información fragmentada que aparece aleatoriamente en tu cabeza. Pero puedes empezar a notar tus sesgos. Cuando te enfades por estar parado ante un semáforo en rojo, piensa: «Mira qué interesante. Me di cuenta de que este semáforo está en rojo, pero no noté el último semáforo en verde que pasé». En otras palabras, trata de practicar la *conciencia no crítica*.

La conciencia no crítica es una forma de atención plena que simplemente significa darse cuenta sin reaccionar emocionalmente, incluso cuando las cosas no salen como esperabas. La conciencia no requiere emoción, porque en la emoción y en la conciencia participan diferentes regiones del cerebro. Notar un error podría activar automáticamente la amígdala emocional, pero ser consciente de tu propia reacción activa la corteza prefrontal, que calma la amígdala.[25]

La cingulada anterior dorsal solo está tratando de ayudarte a hacer un buen trabajo. Un estudio llevado a cabo con resonancia magnética funcional observó cómo la cingulada anterior podía modular la actividad de la corteza prefrontal tras los errores. El estudio mostró que una vez que la cingulada anterior registró información contradictoria, incrementó la capacidad de respuesta de la corteza dorsolateral prefrontal.[26] Es como un buen amigo que te deja dormir durante la clase de química del instituto y te da un golpecito en el hombro cuando el maestro está a punto de llamarte.

¿Qué hace tu cerebro cuando no está haciendo nada? Pregunta con trampa: siempre está haciendo algo. La cingulada anterior funciona de forma predeterminada. Siempre está mirando por encima de tu hombro tratando de ver lo que haces mal. No te enfades cuando señale tus errores. Solo está cumpliendo con su función.

Ser pesimista

¿Recuerdas esas fotos que le pidieron a la gente que mirara? Algunas eran positivas (como la imagen de un gatito), otras eran negativas (como una pistola) y otras neutras (como una silla). La mayoría de las veces, se les dijo a los participantes qué tipo de imagen estaban a punto de mostrarles, pero en ocasiones los investigadores no lo aclararon.

Cuando a los sujetos con depresión se les indicó que les iban a mostrar imágenes negativas, tenían más activación en la ínsula y la corteza prefrontal ventrolateral, lo que indica un procesamiento más visceral y emocional que el que tendrían los sujetos no deprimidos.[27] Sorprendentemente, cuando no se les dijo el tipo de imagen que iban a ver, sus cerebros aún reaccionaban como si esperaran una imagen negativa. Frente a la incertidumbre, sus cerebros asumieron lo peor. Además de eso, cuando no tenían certeza también mostraban más actividad preocupada dorsolateral y prefrontal, así como más procesamiento emocional autocentrado en la corteza prefrontal medial. Esta respuesta a la incertidumbre puede explicar por qué las personas con depresión son más propensas a ser pesimistas: el pasado fue negativo, por lo que el futuro debería serlo también.[28]

Es importante entender la respuesta de tu cerebro a la incertidumbre, porque puede afectar tremendamente a cómo te sientes. Al iniciar una nueva relación o cambiar de trabajo, tu cerebro puede interpretar automáticamente la nueva situación como algo malo. Pero no lo es; es solo algo desconocido. Y para casi cualquier cosa que valga la pena (el amor verdadero, un trabajo estupendo...) hay que pasar por un período de incertidumbre. Para no perdernos las recompensas que hay al otro lado que pueden ser extraordinarias, tenemos que recordarnos constantemente a nosotros mismos que nuestros cerebros pueden estar sesgando lo desconocido hacia lo negativo.

La parte dolorosa del dolor

Una de las sensaciones más negativas que puedes experimentar es el dolor. ¿No es extraño cómo a veces el cuerpo te duele por todas partes, y en otras ocasiones ni siquiera lo notas? Eso es porque tu percepción del dolor está muy influenciada por tu estado de ánimo y tu motivación.

El dolor no es como otras sensaciones corporales. Tiene un componente emocional. No solo percibimos el dolor objetivamente («Oh, creo que me pillé la mano con la puerta del coche»); tenemos una respuesta emocional automática a él (¡Me c... en la puerta del coche! ¡Cómo duele, j...!). El componente emocional es realmente lo que pone el dolor en la sensación de dolor.

La distinción importante aquí es entre la señalización y la percepción del dolor. La señalización del dolor la llevan a cabo por todo tu cuerpo las neuronas llamadas *nociceptores*, que transmiten señales de dolor al cerebro. Pero solo porque una parte del cuerpo señale que hay dolor no significa que el cerebro lo perciba como doloroso. Para eso, tiene que estar involucrada la cingulada anterior.[29]

Un estudio realizado con resonancia magnética funcional[30] observó la actividad cerebral en personas deprimidas cuando anticipaban el dolor y también cuando lo estaban sintiendo realmente. El estudio llegó a la conclusión de que al anticipar el dolor, las personas con depresión habían aumentado la activación en la ínsula, la amígdala y la cingulada anterior dorsal. Así, en comparación con las personas no deprimidas, tenían una respuesta más visceral y emocional a la posibilidad de sentir dolor e incluso consideraban más probable que ocurriera.

> **La reactividad de la amígdala baja con un abrazo.** Un abrazo, especialmente uno largo, libera un neurotransmisor y hormona llamado *oxitocina*, que reduce la reactividad de la amígdala (capítulo once).

Igualmente, durante una estimulación dolorosa real, los sujetos con depresión presentaron un aumento en la actividad de la amígdala mayor que quienes no estaban deprimidos. Sus cerebros tenían una respuesta más emocional al dolor. Y cuanto más indefensos se sentían, más grande era la respuesta del cerebro emocional. Además, había disminuido la activación de la región del tronco encefálico que produce endorfinas analgésicas, por lo que sus cerebros no intentaban suprimir tanto el dolor. También tenían una disminución de actividad en la cingulada anterior ventral y en la corteza prefrontal, lo que significaba que el dolor tenía un mayor impacto en su circuito de optimismo y había disminuido su capacidad de pensar racionalmente sobre la situación. Así, si una persona deprimida y otra que no lo está se queman la mano con una estufa, a la primera le afectará más el dolor. La respuesta del cerebro al dolor es una razón por la que quienes sufren dolor crónico son más propensos a desarrollar depresión, y viceversa.

Malos recuerdos

En la depresión, hay un sesgo cerebral hacia la mala memoria. No me refiero a la clase de mala memoria que te hace olvidar lo que debías comprar en el supermercado. Estoy hablando de recordar solo lo negativo y olvidarse de lo positivo, algo que es causado por una falta de comunicación entre la amígdala y el hipocampo.

El sesgo anímico que afecta a tu percepción del presente afecta también a tu memoria, tanto a la remembranza de los viejos recuerdos como a la creación de los nuevos. Cuando la amígdala se estresa, le ordena al hipocampo que guarde ese recuerdo: es solo otra manera en la que el cerebro evolucionó para protegerte del peligro.[31] Desafortunadamente, esto no es beneficioso en todas las situaciones. Cuando estás deprimido (y por tanto percibes más circunstancias negativas), es más probable que esas circunstancias negativas estimulen la amígdala y que el hipocampo las encripte en la memoria. Por lo tanto, en la depresión, tienes más probabilidades de guardar malos recuerdos que buenos. Además de eso, debido a la memoria dependiente del contexto, la depresión hace que resulte más difícil evocar recuerdos felices y más fácil acordarse de los malos.

Por último, quizá creas que tus recuerdos felices están a salvo de las tendencias anímicas, pero lamentablemente los viejos recuerdos no se recuperan como un antiguo correo electrónico; se reconstruyen a partir de trocitos cada vez que te acuerdas de ellos. Tu humor negativo influye en esa reconstrucción añadiéndole un poco más de oscuridad y tristeza. Reconocer que estás viendo tu propio pasado a través de las gafas oscuras de tu depresión actual puede ayudarte a darte cuenta de que tu vida no siempre ha sido tan mala.

El latigazo de la pérdida

El cerebro de algunas personas reacciona más profundamente a las pérdidas y decepciones. En un estudio los investigadores examinaron a sujetos con una historia familiar de depresión, que por tanto corren un riesgo más alto de sufrirla, y observaron la respuesta del cerebro al ganar y perder en el juego. El estudio descubrió que cuando aquellos en riesgo de depresión perdían dinero inesperadamente, tenían una mayor activación de la corteza orbitofrontal, lo que significa que perder tenía un mayor impacto en su circuito de motivación. Y cuando estos sujetos ganaban dinero inesperadamente, tenían una activación reducida del hipocampo.[32] Dado que el hipocampo es esencial para la memoria, esta actividad reducida significa que es menos probable que recuerden las veces que han ganado. Así, sus recuerdos y acciones futuros están ligeramente alterados por su riesgo de depresión, lo que crea el potencial para una espiral descendente.

Los investigadores les dieron a los participantes una medicación antidepresiva durante cuatro semanas. Aunque el medicamento no afectó a sus niveles de depresión o ansiedad (recuerda que no estaban verdaderamente deprimidos, solo en riesgo), sí afectó a su actividad cerebral. Tras la medicación, la corteza orbitofrontal ya no era tan reactiva al hecho de perder y el hipocampo se activaba más en las victorias. Así que solo porque tus circuitos cerebrales tengan una inclinación natural a la negatividad no significa que tengan que permanecer así para siempre. Tal vez la medicación sea la respuesta, o una de muchas otras maneras de modificar los circuitos cerebrales, de las que hablaré en capítulos posteriores. Lo que debe quedarte claro es que la mejoría es posible.

REVERTIR EL SESGO NEGATIVO

Hay varias maneras de contrarrestar tanto el sesgo negativo cerebral inherente como el sesgo anímico. Aunque en la segunda mitad de este libro veremos más formas de alterar este tipo de actividad cerebral, aquí tienes un par de cosas que puedes hacer.

La neuroquímica de la positividad

Dos sistemas neurotransmisores juegan un papel especialmente importante en la reversión del sesgo negativo: la serotonina y la norepinefrina. A ellos se dirigen normalmente los medicamentos antidepresivos, y ambos tienen un efecto extraordinario en la comunicación entre la cingulada anterior, la amígdala y la corteza prefrontal.

> **Cómo aumentar la norepinefrina.** Cosas sorprendentemente simples pueden ayudar a aumentar la norepinefrina (y, por ende, a disminuir el sesgo negativo), tales como el ejercicio, una buena noche de sueño e incluso recibir un masaje. Comentaré esto con mayor detalle más adelante (capítulos cinco, siete y once, respectivamente).

Un estudio examinó el efecto del uso de medicamentos para estimular la serotonina o la norepinefrina. Tras una semana, ninguna medicación incrementó significativamente la felicidad general, pero ambos medicamentos causaron una mayor atención a los acontecimientos positivos y una disminución de la atención a los negativos.[33] Aunque este estudio se llevó a cabo con voluntarios sanos, sugiere cómo los antidepresivos ayudan con la depresión. No mejoran forzosamente el estado de ánimo, pero en su lugar hacen que el cerebro se incline a registrar los acontecimientos positivos.

La serotonina y la norepinefrina también son importantes en el tratamiento del dolor.

Los medicamentos que ayudan a tratar la depresión son asimismo útiles para el dolor crónico y reducen la actividad relacionada con el dolor de la cingulada anterior dorsal.[34] El dolor crónico puede ser una espiral descendente incesante, por lo que reducir su efecto en el cerebro puede ser ciertamente un gran comienzo para una espiral ascendente.

Fortalecer los circuitos de optimismo

Para combatir el pesimismo, puedes fortalecer los circuitos cerebrales responsables del optimismo. El primer paso es simplemente imaginar la *posibilidad* de acontecimientos positivos en el futuro. No tienes que creer que *sucederán*, solo que podrían suceder. Puede que mañana llegue a tu vida tu verdadero amor. Quizá encuentres un trabajo mejor. Es posible que las cosas no salgan de la peor manera concebible. Reconocer que las cosas buenas son posibles activa la cingulada menor anterior (ventral).[35] Es importante reseñar que la cingulada anterior ventral ayuda a regular la amígdala, por lo que admitir la posibilidad de las cosas buenas ayuda a controlar el sesgo negativo del cerebro. El segundo paso para fortalecer los circuitos de optimismo es no solo reconocer que las cosas buenas *podrían* suceder, sino *esperar* que sucedan. Esperar acontecimientos positivos también activa la cingulada anterior,[36] así como las áreas prefrontales que ayudan a controlar la amígdala.

Por supuesto, todo esto es más fácil decirlo que hacerlo. Aunque ignorar lo negativo y centrarse en lo positivo no siempre es fácil, fortalecer la capacidad del cerebro para calmar la amígdala te será de gran ayuda. La segunda parte contiene varias técnicas para lograr esto, como una buena noche de sueño (capítulo siete) y salir con amigos (capítulo once). Afortunadamente, ya casi hemos llegado a esa segunda parte.

Prisionero de los malos hábitos

Mi amigo Billi es la persona más interesante que conozco, pero ha tenido una vida muy dura. Creció en condiciones de pobreza extrema en una pequeña ciudad de Míchigan, frente al vertedero, y sus padres lo maltrataron física y verbalmente. A pesar de su infancia turbulenta y de varios hábitos de drogadicción desarrollados unos años más tarde, consiguió jugar al fútbol americano con la Universidad de Míchigan, convertirse en un exitoso escritor para televisión y, en última instancia, obtener un doctorado en Neurociencia. Ha tenido que soportar el racismo, la homofobia y la depresión. Además, cuando lo vi por primera vez pesaba trescientos diecisiete kilos. Aunque desde que lo conozco ha hecho un enorme esfuerzo para bajar de peso, aún no ha terminado de conseguirlo. Ha tenido la gentileza de permitirme compartir su historia aquí.

Lamentablemente, los problemas de peso de Billi y su estado de ánimo están interrelacionados. Cuando se siente triste o estresado, la comida lo hace sentirse mejor. Sin embargo, estar extremadamente obeso contribuye a su depresión (¿necesito repetir otra vez en qué consiste la «espiral descendente»?). Está tan obeso que a duras penas cabe en el coche. Si pesara menos, tendría menos problemas médicos y también le costaría menos desplazarse, encontrar trabajo y salir con amigos. Él lo sabe, y sin embargo durante años ha seguido comiendo y comiendo. Y no es que sea tonto; es muy inteligente (al fin y al cabo tiene un doctorado en Neurociencia).

A veces se descubre a sí mismo comiendo incluso cuando no quiere hacerlo. Y cuando se siente estresado, solo quiere comer. Pero comer no es su único hábito perjudicial, también ve mucho la televisión y siempre llega tarde a las reuniones. Si sabe que todo esto le perjudica, ¿por qué no puede parar? ¿Por qué no puede dejar de comer? ¿Por qué no hace más ejercicio? Quizá sientas lo mismo acerca de tus propios hábitos perjudiciales.

Es fácil asumir una actitud crítica, porque desde fuera es muy sencillo ver los hábitos que contribuyen a su espiral descendente. Lo malo es que la mayoría tenemos hábitos perjudiciales que son igualmente obvios, solo que no para nosotros. Por ejemplo, yo tengo problemas terribles con la postergación, y termino viendo la televisión en lugar de escribir o de hacer ejercicio. Tal vez tú tengas la costumbre de rendirte cuando las cosas se ponen difíciles, y eso te impida alcanzar objetivos importantes. O tengas problemas de ira o de organización. Quizá apartes de tu vida a la gente cuando empieces a sentirte cerca de ella, o sencillamente pases mucho tiempo solo. Tal vez nunca dices no a una galleta, un cigarrillo o una lata de cerveza. Y además de los malos hábitos que conoces, es probable que tengas otros, de los que ni siquiera eres consciente, que estén afectando de forma negativa a tu vida.

Los hábitos son, por definición, difíciles de cambiar; y algunos están tan profundamente arraigados que no creemos que sea posible hacerlo. Por suerte, el primer paso para lograr el cambio es sencillamente ser conscientes, y el segundo, creer que es posible. Lo es. Puede que necesites terapia o medicación, o sencillamente que tengas que realizar algunas de las actividades descritas en este libro. Pero primero has de comprender cómo el cerebro crea y controla los hábitos.

CONTROLAR LAS ACCIONES

Para entender verdaderamente los hábitos, tienes que comprender cómo el cerebro dicta tus acciones en general. Tendemos a pensar que la mayoría de nuestras acciones son impulsadas por la intención consciente. De hecho, la mayoría son impulsos o rutinas: no están inducidos por un pensamiento particular; solo son una respuesta automática. En una palabra: hábitos. Esto es particularmente cierto en la depresión. Y, por desgracia, no es probable que los hábitos que llevan a la gente a la depresión la saquen de ella.

Existe una lógica clara, neurocientífica, de cómo se crean y se mantienen los hábitos, y también de cómo se cambian. Mientras que en las acciones intencionales interviene la corteza prefrontal, los hábitos son controlados por el *cuerpo estriado*, un antiguo centro de procesamiento en la parte profunda del cerebro (si la corteza prefrontal es computación moderna, basada en la nube, el cuerpo estriado son tarjetas perforadas introducidas en un ordenador central IBM).

Así que si los malos hábitos no son útiles para nosotros, ¿por qué seguimos teniéndolos? Porque el cuerpo estriado, a diferencia de la corteza prefrontal, no es racional, al menos no en la forma en que normalmente entendemos el término *racional*.

No distingue en absoluto entre los buenos y los malos hábitos. Al cuerpo estriado no le supone el menor problema ceder a numerosos hábitos perjudiciales, sin tener en cuenta las consecuencias a largo plazo. Antes de que te enfades contigo por esto, debes saber que el cuerpo estriado ni siquiera es consciente. La verdad es que no puedes culparte por algo que hiciste mientras te encontrabas en un estado de sonambulismo, por lo que realmente no puedes enojarte por tus hábitos igualmente inconscientes.

Generalmente, los hábitos perjudiciales se pueden clasificar en impulsos y rutinas. Los impulsos son acciones provocadas por un deseo momentáneo, como hacer clic en un enlace de Facebook. Las rutinas, por otra parte, no son impulsadas por el deseo, sino que son las acciones que realizamos sencillamente porque lo hemos hecho muchas veces antes. Un mal hábito rutinario podría ser algo tan inocuo como masticar con la boca abierta o algo tan dañino como esconderte del mundo en cuanto empiezas a sentirte abrumado.

Los impulsos y las rutinas son controlados por el cuerpo estriado, pero las rutinas se basan en la parte superior, el estriado dorsal, mientras que los impulsos se inician en la parte inferior, el núcleo accumbens. Ambas regiones dependen en gran medida del neurotransmisor dopamina, un dato importante que comentaré más tarde.

Las acciones que realizas son el resultado de un diálogo entre la corteza prefrontal, el núcleo accumbens y el cuerpo estriado dorsal. La corteza prefrontal elige qué hacer basándose en lo que es bueno para nosotros a largo plazo. El núcleo accumbens elige basándose en lo que es más inmediatamente placentero. Y el cuerpo estriado dorsal elige basándose en lo que hemos hecho antes. Como los miembros del Congreso, estas regiones a veces se apoyan mutuamente y a veces discrepan entre sí. La corteza prefrontal es la única parte del circuito que se preocupa por el bienestar a largo plazo, pero desgraciadamente a menudo pierde la votación. Para entender por qué, vamos a examinar en mayor profundidad los impulsos y las rutinas.

Los impulsos motivadores

Mientras haces cola para pagar en el supermercado, te encuentras con una variedad de atractivas chocolatinas y revistas. ¿Te ciñes a tu lista de la compra o metes un Snickers en la cesta? La clave para entender los impulsos es que todo lo placentero libera dopamina en el núcleo accumbens. El sexo te hace liberar dopamina; eso mismo sucede al ganar dinero y al tomar drogas o chocolate.

Sin embargo, lo realmente interesante del núcleo accumbens es que aprende lo que es placentero y cómo anticipar su consecución. Por ejemplo, cuando comes un Snickers por primera vez, la dopamina se libera en el núcleo accumbens. La siguiente vez, la dopamina se libera tan pronto como se abre el envoltorio. Y la siguiente, la dopamina se libera simplemente cuando ves los Snickers desde lejos. Muy pronto, la dopamina se libera al entrar en la tienda, solo con la anticipación de verlo, abrirlo y comértelo.

Con los impulsos, algo que haces o detectas desencadena la anticipación de un resultado placentero específico. El problema es que la dopamina que se libera en previsión de placer de hecho motiva las acciones que conducen a ese placer. Cada paso a lo largo del camino te brinda una pequeña dosis de dopamina que te impulsa hacia el siguiente paso.

Descubre tus desencadenantes. Es mucho más fácil evitar la tentación que resistirla. Si sabes lo que desencadena un determinado hábito, a veces puedes deshacerte de ese hábito simplemente eliminando esa tentación de tu vida. Por ejemplo, Billi se dio cuenta de que estaba viendo demasiado la televisión, y el desencadenante de ese hábito era el televisor en sí. Así que lo sacó del dormitorio, y ahora ya no tiene ese problema de ver demasiado la televisión. Otro ejemplo, si no quieres comprar galletas, no pases por el pasillo del supermercado donde están las galletas. Ver todos esos deliciosos productos horneados liberará dopamina y te empujará a comprarlos.

Si fueras un cavernícola, tus impulsos no serían un problema tan grande. La vida sería muy sencilla. Si algo sabe bien, comes tanto como sea posible, y si algo te hace sentir bien, lo haces tanto como sea posible. Hoy en día, sin embargo, hay demasiados placeres fáciles de obtener, que secuestran la dopamina en el núcleo accumbens y crean una tendencia a actuar para la gratificación inmediata.

Se vuelve aún más problemático con la depresión, porque hay menos actividad de la dopamina en el núcleo accumbens. Primero, eso significa que las cosas que solían ser agradables ya no lo son. Segundo, con la actividad de dopamina reducida, lo único que motiva el núcleo accumbens es aquello que libera mucha dopamina, como la comida basura, las drogas, los juegos de azar y la pornografía. Todos estos impulsos significan que tus acciones son guiadas solo por lo que es más inmediato y placentero, lo cual no suele ser bueno para ti a largo plazo. Y aunque la mayoría de los impulsos son fáciles de reconocer, los malos hábitos más insidiosos suelen ser rutinas.

El desarrollo de rutinas

Hay un antiguo refrán hindú que dice: «Durante los primeros treinta años de vida creas tus hábitos. Durante los últimos treinta años de vida, tus hábitos te crean a ti». ¿Alguna vez comes sin tener hambre o sigues viendo la televisión aunque no haya ningún programa que te guste? Las rutinas suelen causar espirales descendentes porque las seguimos aunque no obtengamos ningún placer en ello. Además, con frecuencia no nos damos cuenta cuando las iniciamos. Puede causarte extrañeza esa falta de placer y de conciencia, pero la realidad es que al cuerpo estriado dorsal eso le trae sin cuidado.

El cuerpo estriado dorsal tiene muchos lazos fuertes con el núcleo accumbens, y también utiliza la dopamina. Sin embargo, la dopamina liberada en el cuerpo estriado dorsal no te hace sentir placer; solo te obliga a actuar.

Los hábitos se forman porque cada acción activa un determinado patrón en el cuerpo estriado dorsal. Cada vez que sigues la misma pauta, esta se define más en tu cerebro; en otras palabras, las neuronas del cuerpo estriado dorsal se conectan más fuertemente. Además, con cada activación de ese patrón cerebral, este se vuelve más fácil de activar la próxima vez. Muy pronto es casi imposible crear una pauta diferente: tu cerebro solo quiere que sigas yendo por donde has ido siempre.

Lo que es importante que entiendas sobre un patrón del estriado dorsal es que una vez que está allí, es prácticamente para siempre. Es por eso por lo que nunca se nos olvida cómo montar en bicicleta. Esta es una de las razones por las que los malos hábitos son tan difíciles de cambiar. En realidad, los viejos hábitos no se eliminan: se debilitan a medida que se crean otros nuevos y más fuertes. Además, una vez que los hábitos están en el estriado dorsal, ya no les importa el placer. Claro que, por lo general, al principio las acciones se vuelven hábitos porque el núcleo accumbens te motiva a hacer algo, pero una vez que un hábito está realmente arraigado, ya no hace falta que te motive.

Así es también como funcionan las adicciones. Las adicciones empiezan como impulsos placenteros en el núcleo accumbens. Pero con el tiempo, este deja de responder, y las adicciones ya no son placenteras. Simplemente, como están arraigadas en el estriado dorsal, te sientes obligado de todos modos a tomar otra copa u otro cigarrillo. Debido a estos cambios en la dopamina, las adicciones aumentan el riesgo de desarrollar depresión, y la depresión aumenta el riesgo de desarrollar una adicción. Otra espiral descendente.

Al cuerpo estriado dorsal no le interesa lo que tú quieres. Solo le interesa seguir las pautas que ya has establecido. Entender las pautas de tu cerebro es un paso clave para cambiar. Lamentablemente, a veces el problema no radica en los malos hábitos, sino en no hacer nada en absoluto.

FATIGA

Suena el despertador en tu mesita de noche, sobresaltándote, pero no tienes claro si te sientes con fuerzas para apagarlo. Muchas personas despiertan aletargadas, pero en la depresión esa misma sensación puede durar el día entero: tu energía se agota, y todo parece difícil. La fatiga es un síntoma común de la depresión y se debe a la disfunción prefrontal de la que ya he hablado (como en la reducción de la serotonina, que dificulta la planificación y la toma de decisiones) y a la actividad reducida en el cuerpo estriado dorsal.[1] El funcionamiento prefrontal adecuado es necesario para crear nuevas acciones, así que cuando la corteza prefrontal se interrumpe, deja que el cuerpo estriado se haga cargo. Por lo tanto, probablemente cualquier acción que efectúes obedecerá a rutinas antiguas o a impulsos. Sin embargo, como la actividad del cuerpo estriado dorsal también se reduce, a menos que estés motivado por un impulso, es menos probable que hagas nada. Eso explica por qué algunos días cuesta tanto salir de la cama.

EL ESTRÉS DESENCADENA LOS HÁBITOS

En la famosa serie de HBO *The Wire* [Bajo escucha], el detective Jimmy McNulty tiene problemas con la bebida, la ira y la fidelidad. Pero todo cambia cuando lo transfieren del horario errático, la incertidumbre y el estrés de la división de homicidios al ritmo más predecible de una patrulla callejera. Deja de beber, se tranquiliza y permanece fiel.

En el capítulo dos, aprendimos que afrontar es la tercera parte del ABC de la ansiedad. Sin embargo, cuando padeces ansiedad el afrontamiento no surge de manera natural, sino que se trata de un hábito que nos ayuda a lidiar con cualquier forma de estrés. El estrés causa la liberación de dopamina en el cuerpo estriado dorsal,[2] que automáticamente activa los hábitos para afrontar situaciones. Para McNulty, el estrés surgía de la incertidumbre del trabajo, y sus hábitos de afrontamiento no eran, por decirlo de una forma suave, los más productivos.

Todo el mundo tiene hábitos con los que afronta las situaciones; se trata de algunas de las rutinas más profundas y arraigadas que tenemos. Nos hacen sentir mejor, al menos durante un tiempo, reduciendo la actividad de la amígdala y la respuesta de estrés. Unos buenos hábitos pueden sacarte de una inminente espiral descendente, porque el cuerpo estriado dorsal toma el control y vuelve a encaminar tu vida. Pero si los hábitos de afrontamiento son malos, no estabilizan tu estado anímico a la larga, de manera que ceder a ellos solo crea posteriormente más estrés y te hace caer en el abismo.

Estos hábitos explican en gran medida la situación de Billi. ¿Por qué comía tanto? De niño, con el caos que había en su casa, comer se convirtió en su mecanismo de afrontamiento del estrés. Le proporcionaba una distracción, un placer inmediato, y también reducía la respuesta al estrés de su cuerpo. Al principio, solo era un impulso de comer, pero con el tiempo se convirtió en una rutina profundamente arraigada. Una vez que se convirtió en rutina, el placer ya no formaba parte de ella, ni la atención, pero aún le proporcionaba una sensación de control en un mundo caótico. Se convirtió en una adicción. Cuando estaba estresado, si dejaba de prestar atención a sus acciones, incluso durante unos segundos, se dirigía como un autómata a la cocina, conducía hasta un McDonald's o llamaba a Domino's Pizza. Probablemente tus hábitos más antiguos son los que solían distraerte de las mayores tensiones de la vida, pero ahora que tu situación vital ha cambiado, ya no son útiles. No obstante, caes en ellos, porque siguen estando ahí.

Desafortunadamente, para cuando Billi se dio cuenta de que sus hábitos de afrontamiento no eran óptimos, ya tenía un buen problema encima. Su peso le causaba mucho estrés, y el estrés le hacía comer mucho. Esto es lo que sucede con todas las adicciones: si no sucumbes ante el objeto de tu adicción, te sientes ansioso, lo que te hace desearlo aún más. Y si sucumbes, cedes ante ese hábito, lo que *a posteriori* te genera más estrés, que a su vez refuerza el hábito. Es fácil ver cómo nos quedamos atrapados en un círculo vicioso que parece imposible de romper.

Pero no es imposible. Para deshacerse de un hábito destructivo de afrontamiento, no puedes simplemente dejarlo, porque te queda el estrés. En lugar de eso, tienes que reemplazarlo por otro hábito. Billi logró hacer esto de una manera muy ingeniosa; canalizó su adicción a la comida realizando obras de arte con los alimentos: tallando una rosa en una manzana o un cisne en un melón. Ahora, cuando se sentía impulsado a comer, tenía algo menos destructivo en lo que ocupar su atención. También tomó medidas para reducir el estrés que desataban sus malos hábitos, principalmente a través del ejercicio, la escritura y el *mindfulness*. Combinar todo esto lo ayudó a adelgazar cerca de noventa y un kilos en unos pocos años, y sigue bajando de peso. Obviamente es una lucha mucho más difícil de lo que he descrito en solo unas pocas frases, pero es alcanzable con hábitos de afrontamiento más constructivos y reduciendo el estrés del cerebro; a esto es a lo que nos dedicaremos en la segunda mitad de este libro.

El estrés exagera los hábitos

Nuestros hábitos de afrontamiento no son los únicos desencadenados por el estrés. De hecho, el estrés sesga el cerebro inclinándolo a cualquiera de nuestros viejos hábitos por encima de nuevas acciones.[3] El cuerpo estriado dorsal dice: «Hagámoslo de esta manera, porque siempre lo hemos hecho así». Y la corteza prefrontal responde: «Pero eso no nos ayudará a conseguir lo que queremos». Mientras tanto, el núcleo accumbens exclama: «¡Oh, esa magdalena tiene pinta de estar riquísima!».

El estrés cambia la dinámica de la conversación. Cuando estás tranquilo y relajado, a tu corteza prefrontal se le da bastante bien conseguir lo que quiere. Pero cuanta más ansiedad tienes o cuanto más estresado estás, más se desplaza el poder hacia el cuerpo estriado dorsal y el núcleo accumbens. Por eso es por lo que podrías estar siguiendo adecuadamente tu dieta hasta que tienes una discusión con tu pareja. O estar haciendo ejercicio con regularidad hasta que se te presenta un drama familiar. Por lo general, cuando te estresas actúas siguiendo tus rutinas más arraigadas o eres víctima de tus impulsos.

Respira hondo. Cuando empieces a sentir ansiedad o a sentirte obligado a caer en un hábito perjudicial, inspira profundamente, espira despacio y luego vuelve a inspirar profundamente. Repite las veces que sea necesario. Como veremos en el capítulo nueve, la respiración larga y lenta calma la respuesta cerebral al estrés.

Las rutinas e impulsos empeoran cuando estás deprimido, pero pueden interponerse en tu camino a la felicidad tengas o no depresión. Profundizaremos en su conocimiento en capítulos posteriores de este libro: trabajar los hábitos (capítulo seis), hábitos de sueño (capítulo siete), hábitos alimentarios (capítulo ocho), hábitos sociales (capítulo once) y más.

CONTROLAR LOS IMPULSOS Y LAS RUTINAS

Tanto si estamos hablando de impulsos como si lo hacemos de rutinas, la cuestión es que todos los malos hábitos se desencadenan por algo. Si puedes eliminar de tu vida ese desencadenante (por ejemplo, evitando un bar si eres alcohólico), puedes escapar del hábito.

Lamentablemente, con frecuencia es inevitable que el hábito se desencadene. Por un motivo, y es que muchos hábitos son desencadenados por el estrés, y nadie vive totalmente libre de estrés. Una vez que se dispara un hábito, la única manera de controlarlo es a través de la activación de la corteza prefrontal.

Nuestra gran corteza prefrontal es lo que nos diferencia de otros animales. Casi todos los demás animales viven sus vidas por impulsos y rutinas, pero los humanos tenemos la capacidad de superar esto por medio de una acción intencional. En este caso, *intencional* significa «frenar» consciente y deliberadamente para no caer en un hábito. Las acciones intencionales son decididas por la corteza prefrontal, e inhibir impulsos requiere una función correcta de la serotonina en la corteza prefrontal.

Desafortunadamente, no dispones de un suministro ilimitado de serotonina. Cada vez que se inhibe un impulso, cuesta más inhibir otros. Resistir impulsos es como luchar contra un ejército de zombis con un número limitado de balas. Llegará un momento en que te quedarás sin munición. Por suerte, hay remedios. Puedes crear mejores hábitos, por lo que no tienes que depender de la corteza prefrontal, y puedes aumentar la actividad de la serotonina; veremos ambas cosas en el capítulo ocho. Otra solución es hacer que la inhibición de tus impulsos y rutinas perjudiciales resulte placentera en sí misma; y eso es posible si tienes una meta que te inspire. Establecer objetivos cambia la actividad en múltiples regiones cerebrales, entre ellas el núcleo accumbens, la corteza prefrontal y la cingulada anterior. Hablaremos sobre el poder de establecer metas en el capítulo seis.

Al final todo se reduce a la máxima más tópica pero también más científicamente validada: práctica, práctica y práctica. Para crear nuevos hábitos positivos, tienes que repetirlos una y otra vez hasta que el cerebro se reprograme. En última instancia, repetir acciones es la única forma de que queden grabadas en el cuerpo estriado dorsal. Puede que requiera mucho tiempo y paciencia, pero una vez que entrenas a tu cuerpo estriado dorsal, este comenzará a trabajar para ti, en lugar de en tu contra; esto lo veremos más detalladamente en el capítulo ocho. Resulta bastante extraordinario que sea posible hacerlo: no importa lo mayor que seas, sigues teniendo el poder de cambiar tu cerebro y mejorar tu vida.

CONCLUSIÓN DE LA PRIMERA PARTE

Hasta ahora hemos aprendido cómo interactúan tus circuitos cerebrales para crear la espiral descendente de la depresión. La corteza prefrontal también se preocupa mucho y el sistema emocional límbico es excesivamente reactivo. La ínsula hace que las cosas nos parezcan peor de lo que son y la cingulada anterior tampoco nos ayuda, ya que se centra en lo negativo. Además, la corteza prefrontal tiene dificultades para inhibir los malos hábitos del cuerpo estriado dorsal y el núcleo accumbens. La depresión es tan difícil de superar porque cada circuito tira para abajo de los otros dos.

Pero hay buenas noticias. Tu cerebro puede modificarse. Los cambios vitales ocasionan cambios cerebrales: puedes modificar intencionalmente la actividad, la composición química y la programación de las regiones y los circuitos cerebrales que conducen a la depresión. Como si actualizaras tu ordenador, puedes cambiar no solo el *software* sino también el disco duro. Los cambios no siempre son grandes, pero van sumándose: cada uno de ellos empuja al cerebro hacia una espiral ascendente.

Y tu espiral ascendente ya ha empezado sencillamente al comprender mejor la depresión. La comprensión es poderosa en sí misma, porque saber lo que está sucediendo mejora la sensación de control. La comprensión también es un paso hacia la aceptación, y hasta que aceptes cómo son las cosas ahora, cambiar será difícil, si no imposible.

Afortunadamente, la neurociencia ofrece algo más que comprensión. La segunda parte de este libro contiene muchas maneras de cambiar la actividad cerebral y la composición química para crear una espiral ascendente: el ejercicio (capítulo cinco), la toma de decisiones (capítulo seis), mejorar el sueño (capítulo siete), crear buenos hábitos (capítulo ocho), usar tu cuerpo (capítulo nueve), volverte más agradecido (capítulo diez) y confiar en los demás (capítulo once), así como obtener ayuda profesional (capítulo doce). No tienes que cambiar tu vida en todas estas áreas para ver beneficios; cualquier pequeño cambio en un área beneficiará a las demás. Así que sin más preámbulos neurocientíficos, comencemos.

Segunda parte

Cómo crear una espiral ascendente

Capítulo

5

Ejercita el cerebro

Hace unos años conseguí un nuevo trabajo en la Universidad de California en Los Ángeles (UCLA), y mi jefe me compró un ordenador portátil para que pudiera trabajar desde cualquier lugar. Me entusiasmaba no tener que ir a la oficina. No había necesidad de vestirse formalmente, ni de desplazarse hasta allí. Pensé que podría ir al parque y trabajar al aire libre, o a una cafetería agradable. Pero prácticamente lo único que hacía era permanecer sentado casi a oscuras en el sofá de mi sala de estar. En la misma época mi novia se mudó a unos ciento cincuenta kilómetros de la costa. Por suerte, era un viaje precioso, pero significaba unas tres horas más de conducción cada pocos días.

Tras unas semanas, comencé a sentir dolor en la cadera. Después la espalda me empezó a doler justo entre los omóplatos. Me sentía perezoso e inquieto, pero no sabía qué hacer. Comencé a sentirme más sedentario, más pesado, más viejo. La comida no me sabía tan bien, aunque aún comía mucho. Solo varios meses después me di cuenta de lo inactivo que me había vuelto.

Sencillamente, no tenía ganas de hacer ejercicio. Tal vez te haya ocurrido. Después de estar sentado en el sofá todo el día, solo quería seguir sentado. Tenía una sensación de incomodidad en el cuerpo, por lo que no me apetecía moverme. Anteriormente, cuando iba a diario a la UCLA, solía ir a la pista o a un estudio de yoga un par de veces a la semana. Era fácil porque ambos sitios estaban bastante cerca del trabajo. Pero viendo las cosas desde el sofá, ir a correr o hacer yoga parecía un esfuerzo excesivo. Y cuanto menos en forma estaba, menos interés tenía en volver a recuperarla.

Me sentía atrapado en una espiral descendente y no me había dado cuenta. Parece un poco tonto que todo empezara por un portátil, pero así era. De hecho, normalmente la espiral descendente comienza de esta forma. Un pequeño cambio lleva a consecuencias no deseadas que se refuerzan mutuamente. Todos sabemos lo importante que es el ejercicio para el cuerpo; lo que yo no sabía era lo importante que es para el cerebro.

El cerebro no vive en un frasco, desconectado del mundo. Está interconectado con el resto del cuerpo, por lo que las cosas que haces con el cuerpo afectan a la neuroquímica. Al cerebro no le gusta estar ocioso; viene con un cuerpo, y quiere usarlo.

Esta mitad del libro consiste en crear una espiral ascendente en la que los cambios positivos en la vida causen cambios cerebrales positivos, y viceversa. Vamos a empezar hablando de ejercicio. Y por *ejercicio* me refiero a moverse. No significa que tengas que ir al gimnasio o comprar ropa cara de entrenamiento; solo tienes que mover el cuerpo más y no ser tan sedentario.

Diviértete (es decir, no hagas «ejercicio»). Cuando no piensas en ello como «ejercicio», sino como «estar activo» o «divertirte», es más probable que lo hagas, y tendrás un mayor beneficio emocional. Si vas al trabajo en bicicleta tres días a la semana o juegas al *frisbee* con amigos en el parque, no te sentirás como si estuvieras haciendo ejercicio, pero al final eso supondrá una gran cantidad de actividad. El ejercicio es posiblemente la manera más directa y poderosa de iniciar una espiral ascendente. Esto no solo es fácil de entender, sino que el ejercicio también tiene en el cerebro muchos de los mismos efectos que los medicamentos antidepresivos e incluso imita el subidón que proporcionan las drogas. Sin embargo, el ejercicio es natural, los cambios cerebrales que causa son más sutiles y específicos, y sus beneficios exceden incluso los de la medicación.

¿NO TIENES GANAS DE HACER EJERCICIO?

Por supuesto que no tienes ganas de hacer ejercicio, pero eso solo lo dicen los circuitos cerebrales de tu depresión. La depresión es un estado estable, lo que significa que tu cerebro tiende a pensar y actuar de maneras que te mantienen deprimido. Para superar la depresión, el cerebro tiene que dejar a un lado la pereza, y tú debes ayudarlo. Ten en cuenta que no te estoy llamando perezoso a *ti*, sino a *tu cerebro*. Pero al final el único que puede hacer algo para cambiar esto eres tú.

Hazlo con alguien. La interacción social no solo es buena para la depresión (capítulo once), sino que la presión social también puede ayudarte a hacer ejercicio. Así que pregúntale a un amigo qué tipo de actividad quiere hacer y únete a él. Podrías contratar a un entrenador, asistir a una clase o unirte a un grupo. Tener alguien a quien rendir cuentas aumenta tus probabilidades de hacer ejercicio.

CÓMO OS AYUDA EL EJERCICIO A TI Y A TU CEREBRO

Estoy seguro de que has oído un millón de veces lo mucho que te conviene hacer ejercicio. Bien, pues ha llegado el momento de que lo escuches una vez más. El ejercicio te conviene, y no solo a ti y a tu cintura, sino también a tu cerebro, especialmente a los circuitos que te mantienen deprimido.

Casi todos los efectos de la depresión pueden combatirse por medio del ejercicio físico. Por ejemplo:

- Físicamente:
  * La depresión te hace sentir cansado y aletargado, pero el ejercicio te proporciona más energía y vitalidad.
  * La depresión suele alterar los patrones de sueño, pero el ejercicio te hace dormir mejor, logrando que el sueño tenga un efecto más reparador para el cerebro (capítulo siete).
  * La depresión te descontrola el apetito, de manera que o no comes prácticamente nada o te atiborras de comida

basura (de hecho, quienes comen grandes cantidades de alimentos procesados corren un mayor riesgo de depresión[1]). El ejercicio mejora el apetito, por lo que disfrutas más comiendo, y hace que goces de una mejor salud.

- Mentalmente:
  * La depresión puede hacer que cueste mucho concentrarse, pero el ejercicio agudiza tu mente y mejora tu capacidad de planificar y de tomar decisiones.[2]
  * La depresión te hace... eso mismo... deprimirte, pero el ejercicio mejora tu estado de ánimo.[3] Además reduce la ansiedad,[4] disminuye el estrés[5] y eleva la autoestima.

- Socialmente:
  * Por regla general, la depresión te mantiene aislado y sintiéndote solo, pero el ejercicio tiende a ponerte en contacto con el mundo.

Además, todos estos efectos hacen que sea más probable que participes en otras actividades y procesos de pensamiento que también revertirán el curso de la depresión. Por ejemplo, el ejercicio mejora el sueño, lo que a su vez reduce el dolor, mejora el estado de ánimo y aumenta la energía y la capacidad de atención. La reducción del dolor te vuelve más propenso al ejercicio y hace que lo disfrutes más. Tener más energía también aumenta tus probabilidades de hacer ejercicio. La conclusión es que todas estas causas y efectos se entremezclan y se apoyan mutuamente en una espiral ascendente que te lleva a sentirte mejor.

Esteroides para el cerebro

Así como el ejercicio fortalece los músculos, también fortalece el cerebro. El ejercicio aumenta los factores de crecimiento nervioso, como el factor neurotrófico derivado del cerebro (FNDC), que es como un esteroide para este órgano. El FNDC fortalece el cerebro, por lo que este se vuelve más resistente a todo tipo de problemas, no solo la depresión.[6]

Comprométete a un breve período de prueba. Apúntate a una clase de ejercicio y comprométete a ir a las tres primeras. Busca sitios de Internet como Groupon o LivingSocial para probar clases de yoga o pilates durante un mes con descuentos. Matricúlate en el gimnasio y prométete a ti mismo que durante las dos primeras semanas irás cada lunes, miércoles y viernes. Aunque te sientas muy cansado para hacer cualquier clase de ejercicio, aun así ve al gimnasio, aparca el coche, entra en el vestuario, cámbiate de ropa y toma una pesa de dos kilos. Si de verdad estás tan cansado que no quieres hacer nada más, no hay ningún problema. Has cumplido tu obligación contigo mismo (y conmigo) y puedes volver a casa y perder el tiempo mirando Internet.

Numerosos estudios han demostrado que el ejercicio favorece el desarrollo de nuevas neuronas. En uno de ellos, un par de científicos de Texas observaron los efectos del ejercicio en las ratas.[7] Estos animales fueron divididos en tres grupos: los que corrían voluntariamente, los que lo hacían obligados y el grupo de control. A las ratas que estaban en el grupo de corredoras voluntarias se les permitía correr a la velocidad que quisieran, mientras que las que estaban obligadas a correr debían hacerlo a una velocidad fija. Al grupo de control no se le permitía correr en absoluto.

El estudio mostró que ambos grupos de ejercicio tenían un mayor desarrollo de nuevas neuronas en el hipocampo. Sin embargo, el grupo voluntario tenía más neuronas nuevas que el que corría obligatoriamente, lo que sugiere que elegir intencionalmente el ejercicio proporciona más beneficios que estar obligado a hacerlo (veremos ese tipo de automotivación en mayor profundidad en el capítulo seis). Asimismo, sugiere que aunque correr por la cinta en el gimnasio podría no ser tan bueno como correr por el parque, es mucho mejor que no hacer nada. Y para comenzar una espiral ascendente, solo necesitas algo, no importa lo poco que sea; eso es mejor que lo que estás haciendo ahora.

Disfruta de la vista. Hacer ejercicio en ambientes agradables, ya sean urbanos o rurales (o mientras contemplas imágenes de entornos agradables) aumenta los beneficios que nos reporta.[8] En realidad, independientemente del ejercicio, estar en la naturaleza, o incluso solo mirar paisajes de árboles o lagos, puede tener un gran impacto en tu estado de ánimo y reducir los síntomas depresivos.[9] De manera que intenta correr por un parque o elegir una cinta que esté cerca de una ventana.

Es importante resaltar que los beneficios del crecimiento neuronal no son evidentes solo en ratas; también lo son en los seres humanos (como tú). En realidad el crecimiento neuronal aumenta la materia gris de toda la corteza prefrontal.[10] Este incremento del FNDC es genial por sí mismo, pero parecerá incluso mejor cuando te diga que el FNDC también se incrementa con la medicación antidepresiva, especialmente en el lóbulo frontal.[11] Es decir, el ejercicio tiene un efecto en el cerebro parecido al de los antidepresivos.

Así que una vez que me levanté de ese sofá y comencé a caminar, mi cerebro empezó a producir FNDC y a volverse cada vez más fuerte. No estaba al tanto de ello, pero había puesto en movimiento una serie de actividades neurales. Sin embargo, recuerda, el FNDC es como un fertilizante. No se puede rociar fertilizante en semillas recién sembradas y preguntar: «¿Dónde están mis plantas?». Lleva tiempo. El ejercicio ayuda a crear las condiciones para el crecimiento, pero tienes que seguir así y darle tiempo para que este se produzca.

Bombeando serotonina

La relación entre el ejercicio y los antidepresivos no termina con el fortalecimiento neuronal producido por el FNDC. La mayoría de los antidepresivos se dirigen al sistema de serotonina y su objetivo es elevar los niveles de esta hormona, lo que aumenta la motivación y la fuerza de voluntad. Pues bien, resulta que el ejercicio también puede impulsar la actividad de la serotonina.[12]

Piensa en lo que es importante para ti. Cuando conectas el ejercicio que realizas a un objetivo a largo plazo, ayudas a que tu cerebro pase por alto las molestias momentáneas y el ejercicio resulte más satisfactorio (capítulo seis). En mi caso, me recordé a mí mismo que estar en mejor forma hacía que fuera más agradable hacer deporte. Tal vez lo hagas por tus hijos. O porque valoras el esfuerzo. Solo tú sabes lo que es más importante para ti.

El movimiento aumenta la frecuencia de disparo de las neuronas de serotonina, lo que hace que liberen más cantidad de esta sustancia. Y cuanta más serotonina se libera, más se produce para cubrir la demanda.[13] Es importante resaltar que el aumento de la serotonina se produce con cualquier movimiento, no solo con el ejercicio formal, lo que significa que incluso pasar la aspiradora, cuidar el jardín o caminar hasta ese lugar a cierta distancia en donde has aparcado el coche beneficiará a tu cerebro.

Conviene mencionar que la serotonina y el FNDC son particularmente buenos para crear una espiral ascendente, porque la serotonina estimula la producción de FNDC, y este fortalece las neuronas productoras de serotonina.[14] El ejercicio pone todo el proceso en movimiento y las interacciones dinámicas del cerebro lo mantienen en marcha.

Energiza tu norepinefrina

Las dificultades para concentrarse y reflexionar profundamente que a menudo acompañan a la depresión se deben principalmente a un sistema de norepinefrina rezagado. Esta es la razón por la que la norepinefrina es, junto a la serotonina, el neurotransmisor al que habitualmente suelen dirigirse más los medicamentos antidepresivos. Por suerte, el ejercicio incrementa también la norepinefrina.[15] En un estudio realizado en Alemania los sujetos descansaban, corrían lentamente o corrían a toda velocidad. Aunque todo el ejercicio aumentaba la norepinefrina, el ejercicio intenso era particularmente útil. Así que si puedes encontrar la energía para empujarte a ti mismo a comenzar, tu cerebro hará que valga la pena.

Recompénsate con dopamina

La dopamina es la versión cerebral de las metanfetaminas. El circuito de la dopamina en el cerebro controla los aspectos del placer, la toma de decisiones y la concentración. Es el neurotransmisor primario que se encuentra detrás de la adicción. Lo que hacen básicamente esas drogas adictivas llamadas «estimulantes», como el cristal de metanfetamina o la cocaína, es aumentar la dopamina. De hecho, cualquier adicción (no solo a las drogas sino al riesgo, al drama emocional o a cualquier otra cosa que te excite) sencillamente se apropia de la capacidad natural del cerebro para disfrutar. La dopamina disfuncional explica la falta de disfrute que suele acompañar a la depresión. Por suerte (lo has adivinado), el sistema de la dopamina también se ve afectado positivamente por el ejercicio.[16]

Haz ejercicio antes de darte una recompensa. Seamos claros: vas a ver la televisión. Vas a comer helados. Vas a perder el tiempo con Facebook. No es nada del otro mundo. Pero la próxima vez que lo hagas, conviértelo en una recompensa por algo. Haz ejercicio antes. Sube y baja las escaleras un par de veces. Haz diez abdominales. Haz *jogging* alrededor de la manzana. De todos modos ibas a darte ese gusto, de manera que solo tienes que poner un poco de actividad en medio de tu inactividad. Y cuando sientas que te has ganado ver ese programa o comerte ese helado, hacerlo será todavía más agradable.

Un grupo de científicos británicos examinó los antojos de cigarrillos en fumadores antes y después del ejercicio.[17] Tras no serles permitido fumar durante quince horas, los participantes se dividieron en dos grupos: un grupo de ejercicio y un grupo de control. El grupo de ejercicio pedaleó en una bicicleta estática durante diez minutos a una intensidad de ligera a moderada, mientras que el grupo de control solo permaneció sentado allí.

Posteriormente, cuando se examinó el grupo de control mediante una resonancia magnética funcional, mostró una respuesta cerebral predecible al mirar los cigarrillos. Presentaban una mayor actividad en la *corteza orbitofrontal*, que es parte de la corteza prefrontal ventral y está involucrada en la motivación. También mostraban una activación significativa en el cuerpo estriado. Ambas regiones están influenciadas por la actividad de la dopamina. En otras palabras, sus cerebros querían *realmente* esos cigarrillos y estaban activando hábitos para conseguirlo.

Sigue un plan de ejercicios. Agrega el ejercicio a tu lista de tareas o calendario y táchalo cuando lo hagas. Planificar activa la corteza prefrontal y tacharlo de la lista libera dopamina. Dos pájaros de un tiro.

Por otro lado, el grupo que hacía ejercicio tenía una respuesta cerebral diferente al mirar los cigarrillos. Recuerda que los dos grupos eran exactamente iguales, excepto por un período de ejercicio de diez minutos. Y sin embargo, después de pedalear en la bicicleta, el grupo de ejercicio mostró disminución de la actividad en esas áreas cerebrales: sus cerebros deseaban menos los cigarrillos. Solo diez minutos de ejercicio habían alterado significativamente sus circuitos de dopamina y aumentado su fuerza de voluntad. Es verdad que pedalear durante tres kilómetros mientras lees el último número de tu revista favorita no resolverá todos tus problemas, pero para tu cerebro será muchísimo mejor que quedarte simplemente sentado, y es un magnífico empujón para iniciar una espiral ascendente.

El subidón del corredor

Un grupo de científicos alemanes usaron la tomografía por emisión de positrones para buscar cambios en la actividad de las endorfinas tras el ejercicio.[18] Descubrieron que el ejercicio incrementaba las endorfinas del cerebro y que estos cambios estaban relacionados con la mejora del estado anímico de los sujetos. Y había una correlación importante en varias áreas clave como la corteza orbitofrontal, la corteza prefrontal dorsolateral, la ínsula y la cingulada anterior.

Puede que recuerdes de la primera parte que estas áreas, como elementos clave del circuito frontal-límbico, son importantes para contribuir a la depresión. La corteza orbitofrontal regula la motivación y la toma de decisiones. La corteza prefrontal dorsolateral ayuda a planificar y a pensar. La ínsula modula la percepción del dolor. Y la cingulada anterior guía la concentración.

Lo asombroso es que la señalización de endorfinas en todas estas áreas se mejora con el ejercicio.

La liberación de endorfinas es más alta durante el ejercicio intenso.[19] Así que si eres capaz de obligarte a ti mismo a realizar un entrenamiento duro, obtendrás un mayor aumento de endorfinas. Pero si no puedes conseguir el subidón del corredor, está bien conformarse con el bienestar del caminante.

Los opiáceos no son la única clase de drogas recreativas que tu cerebro puede imitar. El ejercicio también aumenta la activación del sistema *endocannabinoide*.[20] Es posible que no hayas oído hablar hasta ahora de los endocannabinoides, pero son una sustancia química que se produce naturalmente en tu cerebro y que fue llamado así por el cannabis (marihuana). El ingrediente activo de la marihuana (tetrahidrocannabinol, o THC) activa este mismo sistema, causando una menor sensibilidad al dolor y una mayor sensación de bienestar. Esa es una de las razones por las que el ejercicio reduce el dolor y mejora las sensaciones positivas (y puede ayudarte a superar los antojos).

Calmando las hormonas del estrés

La relación entre el estrés y la depresión es bidireccional: la depresión es estresante, y el estrés te empuja a la depresión. Sí, es otra maldita espiral descendente. Afortunadamente, el ejercicio puede ayudar.

Simplifica. Es mucho más fácil convencerse a uno mismo para hacer actividades sencillas y fáciles. Trata de comenzar con una flexión después de revisar el correo por la mañana.

Si empiezas a sentirte mejor y quieres hacer más, sigue adelante. Pero si lo único que haces es una flexión, es mejor que nada.

Investigadores japoneses en combinación con investigadores tailandeses examinaron los efectos del ejercicio sobre el estrés en un grupo de adolescentes depresivas. Los investigadores hicieron que se unieran a una clase de ejercicio cada día de clase durante ocho semanas o bien que sencillamente realizaran sus actividades normales. El estudio demostró que el ejercicio reducía drásticamente sus hormonas de estrés (por ejemplo, el cortisol y la adrenalina) y la depresión, y mejoraba su salud física y sus relaciones sociales.[21] Esto ejemplifica la espiral ascendente: un solo cambio puede tener múltiples efectos aparentemente no relacionados entre sí.

Incrementar el flujo sanguíneo en la corteza prefrontal

Mientras que la mayoría de los estudios de neurociencia comparan la actividad cerebral antes y después del ejercicio, un grupo de investigadores de Tokio quería examinar la actividad cerebral *durante* el ejercicio.[22] Tuvieron que usar *espectroscopia del infrarrojo cercano*, una tecnología que puede detectar cambios en el flujo sanguíneo incluso a través del cráneo. Mientras los sujetos pedaleaban en una bicicleta estática (a los científicos les encantan las bicicletas estáticas), experimentaron un aumento de la sangre oxigenada en la corteza prefrontal ventral, acompañado de mejor humor y mayores niveles de energía.

El sedentarismo es el nuevo tabaquismo. En otras palabras, te perjudica. Si te pasas el día entero sentado delante
de un ordenador (como yo), levántate y camina por lo menos
una vez cada hora. Y cada veinte minutos, estira brevemente
las manos, los brazos y la espalda. Trata de trabajar en un es-
critorio de pie o reemplaza tu silla por una pelota de ejercicios.
Camina mientras hablas por teléfono.

Duerme mejor por las noches

Teniendo en cuenta que pasas un tercio de tu vida dormido
(o al menos tratando de dormir), los cambios en los patrones de
sueño pueden tener un gran impacto en el resto de tu vida.

Un grupo de investigadores de la Universidad de North-
western dividió a varios adultos con insomnio en dos grupos.[23]
A un grupo se le pidió que hiciera ejercicio con una intensidad
moderada durante cuatro días a la semana, mientras que el otro
grupo se dedicaba a hacer otras cosas divertidas, como asistir a
clases de cocina o ir a un museo. Tras cuatro meses, los pertene-
cientes al grupo de ejercicio dormían antes y durante más tiempo que los demás. Su estado de ánimo también había mejorado
y tenían más energía y una mejor calidad de vida en general. Este
es uno de los aspectos interesantes del ejercicio. Cuando empiezas a hacerlo quizá te canses más, pero después de un tiempo
terminas con más energía en general para hacer otras actividades
divertidas.

¿Qué sucede exactamente en el cerebro cuando duermes?
Quizá seas consciente de que tu cerebro atraviesa diferentes fases, y probablemente hayas oído hablar de una fase de sueño,

sueño REM, caracterizada por el movimiento rápido de los ojos.*
En el sueño REM, tu cerebro está mucho más activo que en otras
fases. Esto lo veremos en mayor detalle en el capítulo siete, pero,
por ahora, basta con decir sencillamente que quienes sufren de
depresión muestran un aumento de sueño REM, lo que significa
que su sueño no es tan tranquilo.[24] Los medicamentos antidepresivos reducen el sueño REM,[25] lo mismo que hacer ejercicio. Así que... haces ejercicio, duermes más profundamente, te
sientes más feliz y lleno de energía, por lo que quieres hacer más
ejercicio, y una cosa lleva a la siguiente.

UNA ESPIRAL ASCENDENTE DE EJERCICIO

De manera que ahí estaba yo, trabajando en el sofá o en medio
de un atasco, dolorido, envejecido y en baja forma. Por aquel
tiempo, mi compañero de apartamento había comenzado a en-
trenarse para la maratón de Los Ángeles y trató de convencerme
para que me uniera a él. Yo no creía de ninguna manera que pudiera correr una maratón, pero ver su energía y su afán me ayudó
finalmente a reconocer la espiral descendente en la que me había
metido. Así que comencé a hacer algunos pequeños cambios.

Después del desayuno, daba un breve paseo. No lo planeaba; sencillamente salía a la puerta y caminaba unas cuantas
manzanas tomando el sol. Y aunque no tenía que hacerlo, empecé a ir a la oficina de todos modos. Lo que significaba caminar hasta el coche, desde la zona de estacionamiento hasta el
edificio y subir unas escaleras. Esto también hizo que estuviera
menos aislado y más cerca de la pista para correr y del estudio
de yoga, lo que aumentaba la probabilidad de hacer realmente

---

* N. del T.: REM, *Rapid Eye Movement*.

ejercicio. Por último, me esforcé más en practicar deportes, lo que no solo tiene beneficios a nivel físico y social sino que también es divertido.

Cada vez que hacía un poco de ejercicio me sentía estimulado a hacer un poco más, y todo se volvía más fácil. Mi cerebro estaba exprimiendo todas esas buenas sustancias neuroquímicas: la serotonina, la dopamina y la norepinefrina hicieron que comenzaran a suceder cosas. El FNDC trabajaba en silencio por su cuenta. Como resultado, no solo tenía más apetito, sino que la comida sabía mejor y me apetecía comer alimentos más saludables. No me preocupaba tanto y dormía mejor. Me sentía como si tuviera más tiempo libre e incluso más joven. Luego el ejercicio se volvió más atractivo, y lentamente empecé a interesarme en la idea de una maratón.

Esto destaca un aspecto importante de la espiral ascendente: una vez que pones las cosas en marcha, todo funciona solo. Sí, a menudo necesitas darle un par de empujones, pero te sorprenderás a veces por la forma en que tu cerebro empieza a hacer las cosas más *fáciles* por sí mismo. Aunque antes no me gustaba correr largas distancias, descubrí tras hacer *jogging* a paso lento unas cuantas veces que disfrutaba de la sencilla libertad de salir por la puerta y correr. No necesitaba ir a un gimnasio. No me hacía falta quedar con nadie. Podía sencillamente correr.

CREA TU PROPIA ESPIRAL ASCENDENTE

Uno de los mayores obstáculos para el ejercicio es que las personas con depresión no tienen ganas de hacerlo. Pensar en el ejercicio a menudo va acompañado de pensamientos negativos automáticos como: «Oh, eso no me va a servir». Pero es solo porque el cerebro deprimido está atrapado en un bucle de depresión y no sabe cómo salir.

Crea una regla antipereza. Decide de antemano que utilizarás las escaleras siempre que se trate de menos de tres pisos y que caminarás para ir a cualquier sitio que se encuentre a menos de un kilómetro y medio de distancia. Comprométete a no usar nunca una escalera mecánica si hay otra justo al lado. No recorras la zona de estacionamiento buscando un lugar que esté más cerca de donde quieres ir; sencillamente aparca en el primer sitio libre que encuentres.

No hay una sola solución. Solo hay partes de la solución. No tienes que hacerlo todo. Cualquier cosa que hagas, por pequeña que sea, es un paso en la dirección correcta. Cada minuto que caminas en lugar de estar sentado en el sofá es el comienzo de una espiral ascendente.

Recuerda que aunque no sientas que el ejercicio esté funcionando, aun así, está causando un sinfín de cambios cerebrales de los que no eres consciente. Está modificando los circuitos, liberando sustancias neuroquímicas beneficiosas y reduciendo las hormonas del estrés. Así que deja de preocuparte de si cada paso que das te hará sentir mejor. Deja de preguntar: «¿Me siento mejor ya?». Simplemente sumérgete de lleno en la labor de vivir tu vida.

Podrías pensar: «Esto ya lo intenté y no funcionó». Pero en sistemas complejos como el cerebro, las mismas acciones pueden causar diferentes reacciones en diferentes momentos de tu vida. Es como los cambios de tráfico: durante la hora punta de los viernes el diseño de una carretera podría causar atascos, pero el sábado, ese mismo diseño no obliga a nadie a conducir más despacio. Solo porque algo no te ayudó en un momento de tu vida no significa que nunca te ayudará.

«Pero no puedo...» es una objeción común al ejercicio. «Pero no puedo ir al gimnasio tres veces a la semana». Entonces, ve una vez a la semana. «Pero no puedo correr una maratón». Entonces, corre un kilómetro. «Pero no puedo correr». Entonces, camina. Una vez que dejes de enfocarte en todo lo que no puedes hacer, empezarás a asombrarte de lo que *sí puedes* hacer.

Tu cerebro deprimido podría estar diciéndote que te rindas. Que todo te duele demasiado para hacer ejercicio. Agradécele su opinión y sal a caminar.

Capítulo

6

Establece objetivos
y toma decisiones

En el popular libro biográfico sobre montañismo *Tocando el vacío*, dos exploradores, Joe Simpson y Simon Yates, intentan escalar por primera vez la cara oeste del Siula Grande, en los Andes peruanos. Alerta de *spoiler*: es una escalada dura, pero llegan a la cima. La verdadera historia comienza en su camino de descenso. Les cae una tormenta que los golpea y los ciega, y en medio de la confusión, Joe cae y se rompe la pierna. Con los dos solos (en medio de la tormenta y con la noche acercándose rápidamente), las perspectivas son sombrías. No saben qué hacer ni cuál es la mejor manera de bajar. Si Simon trata de cargar con Joe, puede que ambos acaben muriendo. Joe no puede ver ninguna manera de salir con vida y piensa que este es el final (segunda alerta de *spoiler*: no lo es, porque es el autor del libro). Es en este punto del libro cuando nos explica un aspecto importante de la supervivencia en la naturaleza: «Tienes que seguir tomando decisiones, aunque sean decisiones erróneas, ya sabes. Si no tomas decisiones, te quedas atrapado».

En el montañismo, si te encuentras en una mala situación y no conoces la salida correcta, solo tienes que elegir una dirección y encaminarte hacia ella. No tiene por qué ser la mejor dirección; puede que ni siquiera haya una mejor dirección. Lo cierto es que te falta información para actuar con certeza. Así que si empiezas por un camino y terminas en un acantilado, solo tienes que elegir otra dirección desde allí. Porque, ¿sabes?, en una situación extrema no se puede estar seguro de cuál es el camino correcto; lo que sí sabes es que si te quedas sentado sin hacer nada, estás acabado.

Tal vez la situación en la que te encuentras sea así. Ninguna decisión te parece bien. Pero eso es solo porque tu sistema límbico está abrumando a tu corteza prefrontal. Es un síntoma de depresión. De hecho, es uno de los síntomas que hacen que la depresión sea tan estable. Si pudieras decidir, comenzarías a vivir tu vida audazmente en lugar de titubeando. Pero no puedes.

Toma una buena decisión, no la mejor. Cuando tratamos de tomar una decisión, tendemos a centrarnos en los inconvenientes de cada opción, lo que a menudo hace que todas parezcan poco atractivas.[1] Normalmente tampoco tenemos suficiente información para confiar en la decisión: el mundo es demasiado complejo. Pero, recuerda, es mejor hacer algo solo en parte adecuado que no hacer nada en absoluto. Buscar lo mejor, en lugar de lo suficientemente bueno, lleva mucha actividad prefrontal ventromedial al proceso de toma de decisiones.[2] En cambio, reconocer que está bien conformarse con algo que sea lo suficientemente bueno activa áreas prefrontales más dorsolaterales, lo que te ayuda a sentir que controlas mejor la situación.

La toma de decisiones incluye establecer intenciones y fijar metas: los tres elementos son parte del mismo circuito neural e involucran la corteza prefrontal de una manera positiva, reduciendo la preocupación y la ansiedad. Tomar decisiones también ayuda a superar la actividad del cuerpo estriado, que por lo general nos inclina hacia impulsos negativos y rutinas. Finalmente tomar decisiones transforma tu percepción del mundo: encuentras soluciones a tus problemas y se calma tu sistema límbico.

POR QUÉ LAS DECISIONES NO SON FÁCILES

¿Te han dicho alguna vez que la indecisión interfiere en tu felicidad? Antes de que te enfades contigo por esto recuerda que ser indeciso surge de que te importan mucho muchas cosas. Si te importara una sola, no te costaría nada ser decidido, pero tu personalidad y tu cerebro son más complejos y sutiles. Como tus acciones vienen guiadas por la interacción dinámica de tu cuerpo estriado, tu sistema límbico y tu corteza prefrontal, tus metas, hábitos, miedos y deseos compiten entre sí por unos recursos cerebrales limitados. La comunicación entre estas áreas cerebrales alcanza a veces un punto muerto, y te quedas atascado en una decisión. Y, en ocasiones, te quedas atascado en *cada* decisión, que es cuando la indecisión te bloquea. Puede afectar a tu ansiedad, tu estado de ánimo, tus pensamientos y tus acciones, y todo esto, lamentablemente, alimenta aún más la indecisión.

En ese caso, ¿por qué la toma de decisiones (o su ausencia) tiene un efecto tan profundo en tu vida? La respuesta, por supuesto, puede encontrarse en el cerebro, y comienza por la corteza prefrontal.

DECIDIR ACTIVA LA CORTEZA PREFRONTAL

El cerebro, como los músculos, funciona bajo la premisa de que lo que no se usa se atrofia. Usar una región determinada del cerebro la fortalece, mientras que el desuso la debilita. Uno de los problemas de la depresión es que te hace emplear muchos circuitos cerebrales que te mantienen bloqueado y pocos circuitos que te ayudan a mejorar. La toma de decisiones es una manera estupenda de iniciar una espiral ascendente, ya que activa un circuito que te ayuda a mejorar. Las decisiones intencionales, dirigidas hacia un objetivo, requieren del uso de la corteza prefrontal, específicamente de la *corteza prefrontal ventromedial*,[3] que ayuda a reequilibrar el circuito frontal-límbico disfuncional.

Dar un paso en la dirección adecuada. Confucio decía que «el viaje de mil millas comienza con un solo paso», y ciertamente esto es así con el cerebro. Empiezas por tomar una decisión, pero el proceso de toma de decisiones no está completo hasta que no das un paso en esa dirección. Por otro lado, un viaje al supermercado o terminar ese informe para el trabajo podría parecernos como un viaje de mil millas, pero lo único que hay que hacer es dar un pequeño paso en la dirección a ese objetivo. Anota un artículo que quieras del supermercado o empieza por buscar las llaves del coche. Una decisión sin acción es solo un pensamiento, y aunque los pensamientos pueden ser provechosos, no tendrán tanto impacto en tu cerebro. Una decisión con acción es algo completamente distinto: es una forma enérgica de iniciar una espiral ascendente.

En general, la corteza prefrontal es responsable del *comportamiento dirigido a un objetivo*. Eso significa que decide qué metas alcanzar y cómo alcanzarlas, y el primer paso para alcanzar las metas es tomar decisiones. Una vez tomada la decisión, la corteza prefrontal organiza tus acciones para lograr ese objetivo. Esto lo logra gestionando más eficazmente los recursos que el cerebro tiene a su disposición.

DECIDIR CENTRA LA ATENCIÓN
Y MEJORA LA PERCEPCIÓN

En el complejo mundo en el que vivimos, hay una gran cantidad de información irrelevante (anuncios, ruido, sensaciones en el estómago, el tiempo, etc.). Cuando tomas una decisión, la corteza prefrontal te ayuda a ignorar las distracciones irrelevantes y concentrarte en alcanzar un objetivo.

Todos hemos oído la idea de que solo usamos el diez por ciento de nuestro cerebro... y es una mentira tremenda. Todo el mundo usa la totalidad de su cerebro, aunque cuando tu cerebro está procesando un número excesivo de datos irrelevantes, pierde poder para procesar lo que es más importante para ti. Afortunadamente, una de las principales consecuencias de tomar decisiones es que ayuda a remodelar la percepción del cerebro y orienta su atención a aquello que más importa, lo mismo que Google sesga los resultados de tu búsqueda dando prioridad a los de mayor relevancia. Si los resultados importantes estuvieran ocultos en la página veinticinco, nunca los verías.

Cuando decides un objetivo, la corteza prefrontal cambia la manera en que el resto del cerebro percibe el mundo. Eso no suena lo suficientemente impactante; cuando decides un objetivo, la corteza prefrontal cambia la manera en que ves, hueles y oyes el mundo que hay a tu alrededor. La toma de decisiones en la corteza prefrontal, que es un proceso cerebral superior, afecta a los procesos sensoriales de nivel inferior.

Cada sentido que tienes consta de una *corteza sensorial* dedicado a él. Tienes una corteza visual, una corteza auditiva y así sucesivamente. Estas cortezas sensoriales de niveles inferiores están bajo control *de arriba hacia abajo*. La corteza prefrontal puede decirles a las cortezas inferiores qué ignorar y a qué prestar atención. Es como un jefe de policía diciéndole al departamento: «Ignora las multas por exceso de velocidad; atrapa a los traficantes». Si empleas los recursos del cerebro buscando algo específico, es más probable que lo encuentres.

En tu situación actual, podría parecerte que tus problemas no tienen solución, pero la solución está ahí; simplemente no puedes verla porque estás abrumado por detalles irrelevantes. El control de arriba hacia abajo suprime la respuesta de la corteza de nivel inferior a la información irrelevante y realza la velocidad y la cantidad de activación para obtener información importante.[4] Por ejemplo, al buscar las llaves de tu coche, la reactividad de tu corteza visual se realza. Esto quizá no parezca nada del otro mundo, pero es como esa función de las nuevas cámaras que resalta los rostros. Cada vez que un rostro entra en la imagen, la cámara lo enmarca en un pequeño cuadrado y se centra en él. Imagina si pudieras hacer eso con todo: si de repente apareciera un cuadrado alrededor de las llaves del coche cuando las necesitas. O si buscaras fortalecer la relación con tu cónyuge, y de repente vieras justo la manera de hacerlo. Una vez que tomas una decisión y creas la intención de resolver un problema específico, las soluciones potenciales se destacan en el cerebro de una manera similar.

Descubre qué es importante para ti. Para ayudar a reducir los detalles irrelevantes de tu vida, enfócate en lo que realmente es importante para ti. Los estudios han demostrado que centrarte en tus valores reduce la respuesta de estrés del cerebro.[5] Así que piensa en los momentos de tu vida en los que eras más feliz. ¿Qué estabas haciendo entonces, y qué factores contribuían a tu felicidad? ¿Qué actividades te hacen sentir más satisfecho? ¿De qué logros estás más orgulloso? ¿A qué cualidades desearías que se refirieran tus compañeros de trabajo o amigos al describirte?

El control de arriba hacia abajo está representado estupendamente en un brillante estudio en el que se pedía periódicamente a los participantes que señalaran una copa, la agarraran o no hicieran nada (sí, es un objetivo muy sencillo, pero tú también deberías comenzar por objetivos sencillos). Se les decía qué acción tenían que realizar, pero antes de realizarla, se les mostraban imágenes de círculos, y su labor consistía en descubrir el que no encajaba con los demás. Algunas veces el que no encajaba era más brillante que el resto, y en otras ocasiones era más pequeño. Lo asombroso es que la intención de señalar una copa o de agarrarla cambiaba la manera en la que los participantes percibían los círculos. Cuando estaban preparándose para señalarla, les resultaba más fácil encontrar los círculos brillantes; cuando se preparaban para agarrarla, era más fácil encontrar los círculos más pequeños. La acción prevista causaba diferencias tanto en sus tiempos de reacción como en la actividad eléctrica de la corteza visual en sí.[6] Finalmente, cuando se les pidió que no hicieran nada (y, por lo tanto, no tener intención de señalar o agarrar), la corteza visual de los participantes respondió por igual a ambos tipos de círculos. Este estudio puede parecer extraño, pero demuestra que tomar una decisión cambia la percepción del mundo.

Por supuesto, cambiar la forma en que tu cerebro percibe el mundo no va a resolver todos tus problemas. Imagina que estás tratando de encontrar las llaves de tu coche en la oscuridad. Encender la luz no va a revelártelas mágicamente (tal vez estén en los pantalones que llevabas ayer o bajo los cojines del sofá), pero seguro que aumenta en gran medida tus posibilidades de encontrarlas. Tomar una decisión, por pequeña que sea, te ayuda a ver con mayor claridad cómo puedes mejorar tu vida.

DECIDIR AUMENTA EL DISFRUTE

Solemos creer que somos felices cuando nos ocurre algo bueno. Pero en realidad somos más felices cuando decidimos alcanzar un objetivo determinado. Un gran problema con la depresión es que a corto plazo nada nos hace disfrutar. Debido a los fallos de comunicación frontal-límbica, no puedes conectar la felicidad futura a una acción de hoy. Así, te cuesta realizar cualquier acción que no sea inmediatamente placentera.

Sin embargo, decidir activamente alcanzar un objetivo y lograrlo, en lugar de depender para ello del impulso o del hábito, lo hace más gratificante. Por ejemplo, en un estudio se emparejó a unas ratas para inyectarles cocaína. La rata A podía empujar una palanca para recibir la droga, mientras que la rata B solo tenía que esperar a que la rata A empujara la palanca. Ambas obtenían las mismas inyecciones de cocaína al mismo tiempo, pero la rata A tenía que actuar para presionar la palanca y la rata B no tenía que hacer nada.[7] Y, tal y como habrás imaginado, la rata A segregaba más dopamina en su núcleo accumbens. De manera que decidir alcanzar un objetivo y lograrlo es más gratificante que si algo bueno te sucede por casualidad. Está claro que dar cocaína a las ratas seguramente no es el ejemplo más edificante, pero el mismo proceso se aplica a otros ámbitos. Si decides comprar una galleta, la disfrutarás más que si alguien te la da. Si decides conseguir un trabajo, será más gratificante que si, de repente, alguien te lo ofrece. Si decides salir de la cama, sentirás que controlas mejor la situación que si esperas hasta que tengas que ir al baño.

Decide basándote en lo que quieres, no en lo que no quieres. Centrarte en los posibles resultados negativos dificulta la toma de decisiones.[8] Elegir activamente un objetivo en particular que deseas alcanzar, en lugar de basar tu decisión en evitar algo que no deseas, te obliga a centrarte en lo positivo, al menos brevemente. Por ejemplo, en lugar de «no quiero hacer un mal trabajo», di «quiero hacer un gran trabajo». Este tipo de pensamiento positivo es más eficaz para cambiar tu comportamiento.[9]

En otro estudio (con seres humanos) los participantes jugaron a un juego de azar. En una parte del estudio, eligieron activamente cuánto apostar y en la otra, un ordenador elegía por ellos. En la mayoría, sus cerebros tuvieron una respuesta predecible al ganar dinero, independientemente de quién decidiera hacer la apuesta, con una excepción importante. Cuando los participantes eran los que decidían cuánto apostar, sus cerebros mostraban mayor actividad en la cingulada anterior, la ínsula, el cuerpo estriado y el hipotálamo. La actividad en estas regiones nos dice que decidir por ti mismo se asocia con darle más importancia a ganar, un mayor compromiso emocional, más probabilidades de cambios en el comportamiento y una mejor memoria.[10]

En otro estudio realizado con resonancia magnética funcional, los participantes jugaron a un tipo diferente de juego de azar, uno en el que tenían que inflar un globo computerizado.[11] Conforme el globo se agrandaba, aumentaba la probabilidad de estallido. Podían optar por inflarlo un poco más para ganar cantidades cada vez mayores de dinero. Sin embargo, en otras partes del estudio, se prescindió de su capacidad de elegir, y el ordenador eligió por ellos. Al elegir por sí mismos, los participantes tenían más activación en la cingulada anterior dorsal, la ínsula y el núcleo accumbens. La elección activa causó cambios en los circuitos de atención y en la forma en que los participantes se sintieron con respecto a la acción, e incrementó la actividad de dopamina gratificante.

Aquí tienes uno más. En un estudio clásico de elección, un equipo de la Universidad de Harvard pidió a los sujetos que clasificaran una serie de cuadros en orden de preferencia.[12] Luego les mostraron más cuadros, de dos en dos, y se les preguntó cuál les gustaría tener en su casa. Más tarde se pidió a los sujetos que volvieran a clasificar los cuadros. Elegir activamente el cuadro que les gustaría tener en su casa hizo que su rango de preferencia subiera, y rechazar activamente un cuadro hizo que bajara. Este efecto se vio incluso cuando los sujetos con amnesia no podían recordar qué cuadros habían elegido. El mero hecho de elegir tenía un efecto más profundo que un recuerdo consciente. No solo elegimos lo que nos gusta; también nos gusta lo que elegimos.

ESTABLECER METAS PARA AUMENTAR LA DOPAMINA

Cuando te esfuerzas por un objetivo significativo que crees alcanzable a largo plazo, como obtener un título o conseguir un ascenso, sueles sentirte plenamente realizado. Eso es porque no solo se libera dopamina cuando finalmente logras el objetivo, sino que también se libera con cada paso que das que te acerca a lograrlo. Tener un objetivo también permite que la corteza prefrontal sea más eficaz a la hora de organizar tus acciones. Y lo principal, con frecuencia lograr el objetivo tiene menos importancia para la felicidad que el hecho en sí de establecer la meta.[13]

Desafortunadamente, las personas con depresión tienden a crear objetivos nebulosos que están mal definidos, lo cual dificulta el progreso y los logros.[14] Por ejemplo, un objetivo nebuloso podría ser «pasar más tiempo con mis hijos», mientras que uno específico es «jugar a juegos de mesa con mis hijos los domingos». Cuando las metas están mal definidas, al cerebro le cuesta determinar si realmente las has logrado o incluso si estás avanzando hacia ellas. Esto no solo significa menos dopamina, sino que el hecho de no percibir progresos puede ser desmotivador.

Además, no creer que puedes alcanzar tus metas aumenta la sensación de desaliento.[15] Por lo tanto, es importante tener por lo menos unos pocos objetivos que creas que puedes lograr. Establecer objetivos específicos, significativos y alcanzables a largo plazo puede ser una forma potente de invertir el curso de la depresión.

Crea metas específicas a largo plazo. Empieza por pensar en tus valores y en lo que es importante para ti. Anota como mínimo uno o dos objetivos específicos que podrías lograr que estén en consonancia con lo que te parece importante. Un objetivo específico tiene un punto de referencia de éxito claramente definido, por lo que en algún momento del futuro sabrás definitivamente si lo has logrado o no. ¿Los objetivos de tu lista te estimulan o te motivan? Si no es así, sigue pensando y decídete por otros objetivos.

Si has encontrado objetivos concretos y significativos, ¿crees que puedes lograr alguno de ellos? Si no, divídelos en otros más pequeños que te parezcan alcanzables. Por ejemplo, si el objetivo de encontrar un trabajo te parece excesivamente desalentador, trata de establecer el objetivo más pequeño de enviar dos currículums a la semana o de pasar diez minutos al día buscando trabajo por Internet.

DECIDIR PUEDE ANULAR O ACTIVAR HÁBITOS

Como he comentado en el capítulo cuatro, lo que motiva la mayoría de tus acciones es la rutina o el impulso. Se puede decir que la mayor parte del tiempo estás en piloto automático, guiado por el cuerpo estriado dorsal o el núcleo accumbens. Prácticamente la única manera de anular una rutina programada o suprimir un impulso es tomar una decisión con la corteza prefrontal.

Es importante resaltar que la corteza prefrontal medial *actúa sobre* el cuerpo estriado dorsal y la corteza orbitofrontal *actúa sobre* el núcleo accumbens.[16] Esto puede parecer un galimatías, pero significa que la corteza prefrontal es capaz de modular tus hábitos e impulsos, lo que te proporciona más control sobre tu propia vida para que no estés controlado únicamente por tus experiencias pasadas o el ambiente actual.

Además de utilizar la corteza prefrontal para suprimir los malos hábitos, puedes utilizarla para activar los buenos (esto se explica en mayor profundidad en el capítulo ocho). Si tienes un buen hábito que estás tratando de desarrollar, pero que no ha arraigado todavía, está grabado débilmente en el cuerpo estriado dorsal, esperando ser activado. La buena noticia es que la corteza prefrontal puede activar ese buen hábito y fortalecer su arraigo. No hay nada malo en estar en piloto automático y dejar que los hábitos del cuerpo estriado dorsal tomen el control, siempre y cuando primero te asegures de ir en la dirección correcta.

DECIDIR CREA UNA SENSACIÓN DE CONTROL

No puedes tomar todas las decisiones correctas, pero serán *tus* decisiones. Y el cerebro de los mamíferos funciona mucho mejor cuando tiene un cierto control sobre el mundo que cuando no lo tiene. La indecisión es parte de la espiral descendente porque realza la sensación de no tener el control.

Los mejores ejemplos de esto provienen de experimentos sobre el estrés incontrolable. En un estudio, se colocan ratas en parejas y se les aplican descargas pequeñas, pero aleatorias, en el rabo.[17] Sus rabos están conectados por un alambre, por lo que experimentan las mismas descargas. Cuando llega una descarga, la rata A puede hacer girar una rueda y conseguir que la descarga cese para ambas ratas. La rata B también tiene una rueda, pero desafortunadamente no está conectada a nada; tiene que esperar a que la rata A detenga las descargas. Curiosamente, aunque ambas ratas reciben las mismas sacudidas aleatorias (al mismo tiempo y con la misma duración), tras el experimento la rata A termina bastante bien, pero la rata B desarrolla síntomas de depresión. Y, de hecho, la rata B, que no tenía control, presenta niveles menores de dopamina y norepinefrina en el lóbulo frontal y de serotonina en el tronco encefálico. El nivel de estrés baja en la medida en que sientes que tienes el control.

Un grupo de investigadores británicos realizó una resonancia magnética funcional a humanos, experimento similar al realizado con las ratas. A los sujetos se les colocaron unos electrodos en las manos que transmitían descargas al azar. En una parte del experimento, podían pulsar un botón para detener la descarga, pero en otra las descargas las controlaba un ordenador. Tener control sobre la descarga redujo la cantidad de reactividad en circuitos cerebrales del dolor[18] y aumentó la actividad en la corteza prefrontal dorsolateral y la cingulada anterior. Curiosamente, cuanta más actividad prefrontal medial tuvieron los sujetos, menos dolor experimentaron. Esto significa que utilizar la toma de decisiones para aumentar la actividad prefrontal medial parece una buena idea.

Para obtener los beneficios de la toma de decisiones ni siquiera necesitas tener un control directo sobre la causa de tu estrés. Siempre y cuando tengas el control sobre algo, puedes aprovechar los beneficios. Por ejemplo, cuando las ratas están expuestas al estrés incontrolable, si se les da la opción de correr en una rueda de ejercicio, no sufren consecuencias negativas.[19] Curiosamente, si se ven obligadas a hacer ejercicio, no consiguen los mismos beneficios, porque sin elección, el ejercicio es en sí mismo una fuente de estrés.[20] Obviamente, el ejercicio es importante por sí mismo, como vimos en el capítulo anterior, pero *decidir* hacer ejercicio es también una forma poderosa de iniciar una espiral ascendente.

Lo importante aquí no es el control real, sino el percibido. Tomar decisiones no puede incrementar tu control real sobre una situación, pero es probable que aumente tu sensación de control. Y al aumentar esta, se eleva tu confianza, tu estado de ánimo y tu futura capacidad de toma de decisiones.

DECIDIR REDUCE LA PREOCUPACIÓN Y LA ANSIEDAD

Como expliqué en el capítulo dos, la preocupación y la ansiedad son desencadenadas por la posibilidad, no por la certeza. Cuando tu corteza prefrontal tiene que revisar una y otra vez numerosos escenarios potenciales, aumenta el riesgo de desencadenar ansiedad o preocupación. Cuando te decides por una opción, reduces el número de variables que la corteza prefrontal necesita optimizar.

Una decisión es simplemente crear una intención de moverse en una determinada dirección. No significa que tengas que ir en esa dirección para siempre. Imagina que estás en plena naturaleza, como los dos escaladores que vimos al principio de este capítulo, y te encuentras con una bifurcación en el camino. Podrías pasar la vida entera intentando averiguar por dónde ir, o podrías elegir una senda y recorrerla. Quizá al final te des cuenta de que estabas equivocado, y si es así, darás la vuelta y terminarás volviendo a la bifurcación. Como has vuelto al sitio donde empezaste, podrías sentirte tentado a pensar que tu esfuerzo ha sido en vano, pero no es así. Ir por un camino y darte cuenta de que tienes que cambiar de dirección es diferente de simplemente quedarte sentado sin hacer nada. Aunque tu decisión inicial resultara equivocada, sigues teniendo el control de tu vida.

Un estudio lo demostró examinando las personas que estaban indecisas sobre su carrera. A todos los participantes del estudio les costaba escoger una carrera. Los investigadores los dividieron en dos grupos: uno estudió un manual que ayudaba a los participantes a enfrentarse a sus pensamientos negativos, mientras que el otro analizaba una carrera en la que estaban interesados. Ambas intervenciones redujeron los pensamientos negativos y la ansiedad, y ambas mejoraron la decisión.[21]

Este estudio demuestra que esforzarte en disminuir tu enfoque en los resultados negativos puede ayudarte a tomar decisiones. Pero también demuestra que el simple hecho de escoger una opción tiene el mismo efecto. Los participantes del segundo grupo no necesitaban elegir la carrera a la que se iban a dedicar, solo dieron un paso en una dirección decisiva, que redujo sus opciones futuras y por lo tanto su ansiedad.

DECIDIR AYUDA A TOMAR MÁS DECISIONES

Cuando me acercaba al final de la universidad, me costó decidir lo que quería hacer con mi vida. Esta indecisión se volvió insidiosa: pronto empecé a tener problemas para decidir lo que quería hacer en el verano, y luego simplemente lo que quería hacer el fin de semana.

Cuando estás estancado y paralizado, sientes como si todo estuviera fuera de tu control. Pero lo bueno es que no tienes que empezar por las grandes decisiones. Puedes empezar por algo menos importante. Decide lo que quieres almorzar o qué programa de televisión vas a ver. La investigación demuestra que la decisión en un ámbito de tu vida puede mejorar tu capacidad de decisión en otros ámbitos.[22] Escoge algo, llévalo a cabo y no te lo cuestiones.

Lo mismo sucede con las decisiones: si tienes que hacer muchas cosas seguidas, el circuito de toma de decisiones se fatiga y tu cerebro vuelve a caer en la indecisión o la impulsividad. Pero está bien. Al igual que con el ejercicio, estás entrenando tu cerebro para el futuro, y la próxima vez que necesites tomar una decisión, ese sexto kilómetro te parecerá más fácil y habrás creado el escenario para una espiral ascendente.

Capítulo

Dale un descanso al cerebro

Pasé el verano de mi tercer año de universidad trabajando en un laboratorio del sueño, que llamábamos «campamento del sueño». Unos adolescentes permanecían en el laboratorio durante tres semanas seguidas, mientras estudiábamos sus hábitos de sueño, sus niveles de hormonas y sus ondas cerebrales bajo condiciones estrechamente controladas.

Aunque era un trabajo estival fascinante, no era muy relajante; la gran ironía de estudiar el sueño es que uno apenas duerme. El laboratorio necesita personal las veinticuatro horas del día, y mi turno era de tres y media de la mañana hasta el mediodía. Aunque el sol de verano de Nueva Inglaterra no se ponía hasta las nueve y media, tenía que empezar a prepararme para acostarme a las ocho y media, y eso me daba solo seis horas de sueño. La peor parte de tener un horario tan malo era que me había vuelto extremadamente consciente de todos sus efectos negativos.

¿Por qué hablo de esto ahora? La falta de sueño es uno de los síntomas más comunes de la depresión, así como uno de los que más contribuyen a desarrollar y a mantener la depresión. Y por «falta de sueño», me refiero no solo a dormir demasiado poco, sino también a la baja calidad del sueño. Mentalmente, la falta de sueño empeora el estado de ánimo, baja el umbral de dolor e interfiere en el aprendizaje y la memoria. También disminuye la capacidad para concentrarse y te hace más impulsivo. Físicamente, aumenta la presión arterial, eleva el estrés y daña el sistema inmunitario. Puede incluso causar aumento de peso.

La falta de sueño también tiene numerosos efectos negativos en el cerebro, especialmente en la corteza prefrontal y el hipocampo. Asimismo, altera la función de los sistemas de serotonina, dopamina y norepinefrina. Afortunadamente, varios estudios recientes han demostrado que es posible mejorar en gran medida el sueño, lo que puede aliviar extraordinariamente la depresión o incluso prevenirla.

La clave para mejorar el sueño se reduce a dos factores: lidiar con la ansiedad y el estrés y mejorar la higiene del sueño. ¿Qué es la higiene del sueño? Me alegro de que me lo preguntes.

¿QUÉ ES LA HIGIENE DEL SUEÑO?

La higiene del sueño consiste en la combinación de las acciones que realizas justo antes de dormir y el entorno que te rodea en ese momento previo y durante el sueño, entre otras cosas tu rutina (o la ausencia de esta) a la hora de irte a la cama, así como el nivel de ruido y luz de tu dormitorio. También incluye la hora a la que te acuestas y despiertas, y la cantidad de luz a la que te expones durante el día, así como el ejercicio que realizas. La mayoría de los problemas para dormir son exacerbados por una mala higiene del sueño, y algunos son causados totalmente por ella.

La buena higiene del sueño es como la buena higiene dental. Si te cuidas bien los dientes, probablemente no tendrás caries, pero no es una garantía. Algunos se cepillan y usan el hilo dental tres veces al día y aun así tienen caries, y otros casi nunca se cepillan y a pesar de eso están bien. Pero incluso con la variabilidad individual, es cierto que con una mala higiene dental, tus dientes empeorarán. Lo mismo se puede decir del sueño. Además, el sueño tiene que cambiar durante el transcurso de tu vida: solo porque durante tus años de universidad pudieras pasarte las noches en vela sin ningún problema no significa que en la actualidad tu cerebro pueda seguir resistiendo como entonces. Si tienes problemas relacionados con el sueño, la mayoría de las veces se pueden arreglar con cambios en la higiene del sueño.

FUNDAMENTOS DE LA NEUROCIENCIA DEL SUEÑO

Sueño es en realidad un término global que abarca numerosos subtipos del sueño; todos organizados en conjunto, crean una *estructura del sueño*, que es el primer paso para entenderlo. Otra parte importante de la historia del sueño, aunque en realidad no tiene nada que ver con dormir, es el reloj interno del cerebro (los *ritmos circadianos*), que controla una diversidad de hormonas y neurotransmisores en un ciclo diario. Si logras entender la estructura del sueño y los ritmos circadianos, comprenderás bastante bien cómo el sueño afecta al cerebro.

La estructura del sueño

La mayoría pensamos, cuando nuestro cerebro no se esfuerza mucho, que el sueño es una gran pérdida de tiempo. Pero de hecho el sueño tiene una intrincada estructura que se ve afectada por nuestra vida de vigilia. Y, como gran ejemplo de espiral ascendente, la calidad de nuestro sueño afecta a su vez a nuestra calidad de vida.

Como mencioné en el capítulo cinco, tu cerebro pasa por varias etapas diferentes de sueño. Cuando cabeceas por primera vez, entra en la primera fase, un sueño muy ligero en el que las ondas eléctricas cerebrales comienzan a ralentizarse. Curiosamente, puesto que el sueño de la primera fase es tan ligero, muchas personas con problemas de sueño a menudo entran en ella y luego despiertan sin darse cuenta en absoluto de que se habían quedado dormidas.[1] La percepción errónea de haber permanecido despierto todo el tiempo hace que aumente su angustia.

Después de cinco a diez minutos de sueño de la primera fase, el cerebro profundiza y entra en la segunda fase; luego, en la siguiente hora, profundiza aún más en las fases tercera y cuarta, en las que la actividad eléctrica del cerebro se enlentece de manera radical. Debido a esa ralentización extrema, las fases tercera y cuarta se suelen llamar *sueño de onda lenta*.

Tras el sueño de onda lenta viene el sueño REM, en el que el cerebro está mucho más activo. Como mencioné en el capítulo cinco, las personas con depresión muestran un aumento de sueño REM[2] y pasan menos tiempo en el sueño de onda lenta, lo que significa que su sueño es menos reparador. Uno de los efectos de los medicamentos antidepresivos es que reducen el sueño REM.[3]

Un ciclo de sueño (en otras palabras, un bucle a través de todas las etapas) dura unos noventa minutos. Luego comienza de nuevo en la primera fase. Tu cerebro pasa por las fases secuencialmente, como un videojuego con diferentes niveles: de la primera a la segunda, la tercera, la cuarta y finalmente a REM. Si te despiertas durante la cuarta fase, comienzas de nuevo por la primera. Así que si no duermes de forma continuada, la progresión apropiada se interrumpe y tu sueño es menos reparador. Curiosamente, si te despiertas durante la primera fase, te sientes mucho más descansado que si lo haces en otras etapas. De hecho, puedes comprar un despertador o aplicación de onda cerebral que te despertará en la primera fase (solo tienes que buscar por Internet). Pero, en realidad, si te despiertas a la misma hora todos los días, tu cerebro hace esto de forma natural.

Ritmos circadianos

La calidad de tu sueño también se ve afectada por las fluctuaciones químicas diarias llamadas *ritmos circadianos*, que se rigen por el hipotálamo y controlan un gran número de procesos, como el hambre, la capacidad de atención y la temperatura corporal. Los ritmos circadianos también causan una variedad de fluctuaciones neurohormonales diarias, entre ellas la de la testosterona, el cortisol y la melatonina.

Si vivieras en completa oscuridad, tu cerebro seguiría fluctuando con su ritmo natural de veinticuatro horas. En la vida normal, sin embargo, los ritmos circadianos no se ejecutan continuamente en su ciclo de veinticuatro horas, sino que se mantienen sincronizados con la luz natural del sol o las luces artificiales brillantes. Tienes neuronas que te conectan los ojos al hipotálamo y restablecen tu reloj circadiano cada día.

Evita las luces brillantes después del anochecer. No hace falta que andes a oscuras, pero cuando te acerques a la hora de dormir, apaga la mayoría de las luces de tu casa.

Baja el brillo del monitor del ordenador o, mejor aún, no mires fijamente ninguna pantalla. Y asegúrate de que tu dormitorio esté realmente oscuro cuando te vayas a dormir. Si tienes varios dispositivos electrónicos con luces LED en el dormitorio, pueden dar suficiente luz como para interrumpir tu sueño. Llévatelos a otra habitación o cubre las luces LED.

La calidad del sueño es mejor cuando tu horario para dormir está sincronizado con tus ritmos circadianos. Desafortunadamente, la sociedad moderna puede perturbar esa sincronización de muchas maneras. La primera es mirar una luz brillante en el momento inapropiado. Tras el atardecer, tus ritmos circadianos le dicen a tu cerebro que es de noche y que debería empezar a prepararse para dormir. Pero si enciendes luces brillantes, tu cerebro cree que sigue siendo de día (después de todo, evolucionó mucho tiempo antes que la bombilla) y tus ritmos circadianos se desplazan. Muchas fuentes de luz pueden cambiar el ciclo circadiano, entre ellas lámparas, pantallas de televisión, ordenadores e incluso tu iPhone.

Una segunda forma en que tus ritmos circadianos pueden perder la sincronización es con los cambios en la hora de dormir. Tu cerebro espera ir a dormir a una «hora» específica de tu reloj circadiano. El hipotálamo le dice al resto del cerebro que es hora de dormir, activando la liberación del neurotransmisor melatonina (no confundir con melanina, de la piel, que afecta al color de esta). La melatonina prepara tu cerebro para dormir, al igual que hacer *jogging* para calentar los músculos prepara al cuerpo para un entrenamiento extenuante (o el café lo prepara para no hacer nada en absoluto). Cuando cambias la hora habitual de acostarte, tu cerebro no está adecuadamente preparado para dormir. Puedes obtener la misma cantidad de sueño, pero su calidad será menor. Desafortunadamente, no es posible manipular el reloj del cerebro como si fuera un despertador. Tu cerebro es como un perro. Hay que entrenarlo, y eso requiere repetición. Está bien variar un poco y también está bien de vez en cuando quedarse despierto hasta tarde, pero debe haber una franja clara de tiempo que consideres la hora de acostarte. Y sí, trata de ceñirte a ese horario también los fines de semana.

LO QUE EL SUEÑO HACE POR TI

Tras un siglo de investigación moderna del sueño, su propósito exacto sigue siendo un poco misterioso. Lo que sí sabemos es que si no obtienes el suficiente sueño de calidad, se producen consecuencias negativas y que la mejora de su calidad puede beneficiarte enormemente.

El sueño mejora muchos aspectos de la vida de vigilia; eleva el estado de ánimo, disminuye el estrés, fortalece la memoria y reduce el dolor. También ayuda a la concentración, la lucidez cognitiva y la toma de decisiones. Los beneficios del sueño de calidad se extienden incluso a la salud general. La deficiencia de sueño tiene efectos negativos sobre el peso, el corazón e incluso el sistema inmunitario.[4] Los trastornos del sueño también aumentan el riesgo de adicción al alcohol.[5] Por lo tanto, si tu depresión está relacionada con problemas subyacentes de salud o adicción, mejorar el sueño es un gran comienzo para una espiral ascendente.

¿QUÉ HACE EL SUEÑO POR TU CEREBRO?

¿Por qué el sueño es tan relevante? Porque toda la actividad eléctrica y química del cerebro se ve afectada por el sueño.

Sueño y lucidez cognitiva

Muchas personas con depresión tienen dificultad para pensar claramente y ser decididas, y esto se ve agravado por los problemas con el sueño.[6] Tras una mala noche, tendemos a pensar de forma más rígida y a ser menos adaptables a la nueva información. La falta de sueño también causa déficits en la atención. Afortunadamente, mejorar el sueño puede restaurar la claridad de pensamiento y mejorar la atención,[7] probablemente debido a la mejoría de la función prefrontal. Por ejemplo, en un estudio llevado a cabo con resonancia magnética funcional se observó la actividad cerebral durante el pensamiento y se descubrió que las personas con insomnio tenían una actividad reducida tanto en la corteza prefrontal dorsomedial como en la ventrolateral.[8] Los insomnes fueron tratados sin medicación, simplemente usando muchas de las mismas recomendaciones de este capítulo, y mejoró significativamente su calidad de sueño, lo que restauró su actividad prefrontal a niveles normales. Así que si puedes mejorar tu sueño, tu pensamiento y tu capacidad de toma de decisiones también mejorarán.

Reduce la preocupación prefrontal

¿Alguna vez te despiertas en medio de la noche y te cuesta volver a dormirte? Esto es normal en la depresión. Estos despertares son causados por una mayor actividad en la corteza prefrontal y la cingulada anterior durante el sueño de onda lenta, cuando se supone que el cerebro debe estar relajado.[9] Este incremento de la actividad probablemente se relacione con la planificación y la preocupación, que se sabe que causan problemas de sueño.[10] Cualquier cosa que puedas hacer para reducir la planificación o la preocupación antes de la hora de dormir te ayudará a mejorar la calidad de tu sueño.

Anota tus preocupaciones. Como hemos visto, preocuparse interrumpe el sueño porque activa la corteza prefrontal, y lo mismo sucede con la planificación. Si estás preocupado o haciendo planes mientras tratas de dormir, escribe tus pensamientos. Sácalos de la cabeza, ponlos en un papel y termina con eso.

Mejora la comunicación frontal-límbica

El insomnio y la depresión mantienen una relación bidireccional: si tienes insomnio, es más probable que desarrolles depresión, y viceversa.[11] La conexión entre el insomnio y la depresión probablemente tiene muchas causas, pero una de ellas es la comunicación entre la corteza prefrontal y el sistema límbico durante el sueño.

Como expliqué en el capítulo uno, la depresión es una disfunción de la comunicación frontal-límbica, y quizá recuerdes que el hipocampo es una parte esencial del sistema límbico. Durante el sueño, el hipocampo se dirige a la corteza prefrontal transmitiéndole ráfagas de comunicación a las que ella responde.[12] Así, el sueño es importante para la correcta comunicación frontal-límbica, y esta es la razón por la que interrumpir el sueño puede ser tan perjudicial, y por la que mejorarlo es una gran manera de comenzar una espiral ascendente.

Mejora el aprendizaje y la memoria

El hipocampo, que es esencial para la formación de nuevos recuerdos, solo funciona correctamente cuando se ha dormido toda la noche.[13] Del mismo modo, la contribución de la corteza prefrontal dorsolateral al aprendizaje también se ve afectada por el mal sueño.

Eso significa que el sueño de calidad es esencial para el aprendizaje y la memoria. En particular, el sueño mejora la memoria selectiva que prioriza la información que es relevante para el futuro,[14] aquella que te ayuda a ser más eficaz en el logro de metas. Además, el sueño favorece el aprendizaje de actividades gratificantes,[15] lo que significa que te resultará más fácil centrarte en lo positivo.

Y recuerda, se trata de calidad, no solo de cantidad. En un estudio holandés, los investigadores utilizaron ruidos ligeramente molestos para interrumpir el sueño de onda lenta de los participantes.[16] Aun así, los sujetos tuvieron un sueño prolongado, pero fue de baja calidad, y por lo tanto experimentaron un deterioro del funcionamiento del hipocampo.

Crea un ambiente cómodo. El sueño de calidad requiere calmar el cerebro, mientras que la incomodidad activa su respuesta al estrés. Si en tu dormitorio hace demasiado frío o calor, o es excesivamente luminoso, ruidoso, o incluso maloliente, tu sueño podría interrumpirse sin que fueras consciente de ello. Así que haz algo al respecto. Si hay ruido que no puedas eliminar, añade algo que produzca un ruido blanco, como un ventilador, porque esto molesta menos al cerebro.

Los tipos de interrupciones utilizados en el estudio holandés serían similares a dormir en una habitación ligeramente ruidosa, como una con la televisión a bajo volumen. Esto significa que pese a que quizá estés durmiendo lo suficiente, probablemente aún podrías mejorar la calidad de tu sueño, lo que restablecería tu comunicación frontal límbica y potenciaría tu aprendizaje y tu memoria.

Mejora la liberación de melatonina

Cuando tienes una buena higiene del sueño, tu cerebro libera melatonina aproximadamente treinta minutos antes de cuando tienes pensado acostarte. Esa melatonina se produce a partir de la serotonina y ayuda a preparar al cerebro para un sueño de calidad. Tanto la liberación de melatonina como el sueño mejoran con la exposición a la luz solar.[17] Así que trata de tomar más el sol a mitad del día.

Alégrate el día. Las luces brillantes durante el día ayudan a sincronizar tus ritmos circadianos y mejorar tu sueño. Así que tómate unos minutos para caminar al sol. Esto tiene el beneficio añadido de aumentar la serotonina[18] y reducir el dolor.[19]

Un estudio examinó a pacientes que se recuperaban de una operación quirúrgica en el hospital. Los pacientes que estaban en el lado soleado del hospital tenían menos estrés y necesitaban menos medicación para el dolor. Si no puedes estar cerca de una ventana o salir, trata al menos de trabajar en un ambiente bien iluminado mientras brilla el sol.

Una mayor exposición a la luz solar mejora la liberación de melatonina y el sueño.[20] Así que intenta conseguir más sol durante el día.

Mejora el estado de ánimo con serotonina

El poeta romántico William Wordsworth definió el sueño como la «madre de los pensamientos frescos y la salud dichosa». Mientras que la falta de sueño empeora el estado de ánimo y aumenta la ansiedad y el estrés,[21] mejorar la calidad del sueño tiene el efecto inverso, probablemente debido al sistema de serotonina. Por ejemplo, un incremento de serotonina puede aumentar el sueño de onda lenta y disminuir el sueño REM,[22] e incluso reducir las posibilidades de despertarse en medio de la noche.

Además, la actividad de la serotonina afecta a los ritmos circadianos[23] y se ve afectada por estos. Curiosamente, tienes neuronas que se extienden desde el ojo hasta la región del tronco encefálico que produce la serotonina, que son estimuladas por los niveles ambientales de luz.[24] Otra razón para asegurarse de recibir una gran cantidad de luz brillante durante el día.

Los ritmos circadianos por sí mismos pueden influir en el estado de ánimo: esta es la razón por la que las emociones positivas son generalmente más bajas por la mañana y alcanzan su punto álgido a primeras horas de la noche.[25] La influencia de los ritmos circadianos varía según las personas, lo que explica por qué algunas son nocturnas y otras madrugadoras. Es importante entender el efecto de los ritmos circadianos en el estado de ánimo, porque a veces cuando te sientes mal y piensas que tu vida se está desmoronando, se trata solo de tus ritmos circadianos, que están alterando ligeramente tu estado de ánimo. Sí, es lamentable que no tengas un control total sobre ellos, pero puede ayudarte aceptarlo y comprender que tendrás que crear una espiral ascendente de alguna manera o simplemente esperar un par de horas a que se pase.

Reduce el estrés con norepinefrina

Las interrupciones del sueño son una gran fuente de estrés. Esta es una de las razones por las que los padres primerizos están tan estresados, así como los nuevos médicos de guardia. De hecho, las personas con insomnio aumentan los niveles hormonales de estrés antes del sueño y durante este.[26] Esto es verdaderamente un fastidio, porque dormir bien ayuda a preparar el cerebro para lidiar con el estrés. No dormir lo suficiente de manera crónica reduce la producción de los receptores de norepinefrina en toda la corteza frontal,[27] y desafortunadamente la norepinefrina prefrontal es necesaria para responder de manera adecuada al estrés. Reducir el estrés mejora el sueño y mejorar el sueño reduce el estrés: aquí tenemos otra espiral ascendente.

Recompensa a tu sistema de dopamina durmiendo bien

El sistema de dopamina ayuda a modular tanto el sueño de onda lenta como el sueño REM.[28] Además, la dopamina no solo tiene un gran efecto sobre el sueño (y sobre el dolor y la depresión) sino que el sueño, el dolor y la depresión también afectan al sistema de dopamina.[29] Además, muchos aspectos del sistema de dopamina se ven influenciados por los ritmos circadianos,[30] entre ellos la producción de receptores de dopamina, los transportadores de dopamina y la dopamina misma.

Reduce el dolor con endorfinas

El sueño, el estado de ánimo y los niveles de dolor interactúan.[31] Un sueño insuficiente puede causar más estados anímicos negativos y aumento del dolor, que pueden hacernos dormir peor.[32] En quienes sufren de dolor crónico, no dormir bien aumenta el dolor, y este efecto es aún más grande para aquellos que tienen un estado de ánimo depresivo.[33] Así que la falta de sueño aumenta el dolor y deprime el estado de ánimo. A su vez, el estado de ánimo depresivo empeora aún más el dolor, y ambos pueden afectar al sueño. Esto te podrá parecer un fastidio enorme, pero también significa que si puedes cambiar un elemento de la ecuación, podrás afectar a los tres.

Es importante destacar que el mayor aumento del dolor proviene de la perturbación del sueño durante toda la noche.[34] Eso significa que el factor más importante no es la cantidad total de sueño, sino la cantidad de sueño *continuo*. Por tanto, haz lo que puedas para dormir sin interrupciones. Esto también sugiere que las siestas como sustituto habitual del sueño probablemente no te ayudará con tu dolor.

Los efectos analgésicos del sueño de calidad se deben a las *endorfinas*, un tipo de morfina producido por el cerebro. Un estudio reciente realizado en la Universidad Johns Hopkins descubrió que las personas que duermen mal tienen niveles más bajos de endorfinas en una gran variedad de regiones del cerebro, entre ellas la corteza prefrontal dorsolateral y la cingulada anterior.[35] Las endorfinas relacionadas con el sueño pueden explicar por qué una buena noche de sueño es tan beneficiosa para reducir el dolor.

Limpia el cerebro

Tu cerebro, como consecuencia de toda su actividad, genera basura en forma de sustancias químicas descompuestas. Lo mismo que la basura de la cocina, hay que sacarla, o empezará a amontonarse y te estorbará. El sueño es importante para eliminar los desechos que interfieran en una función cerebral adecuada.[36] Limpiar esta mugre perjudicial sacándola del cerebro puede ser parte de la razón por la que el sueño de calidad nos hace sentir tan descansados.

MEJORA TU HIGIENE DEL SUEÑO

Los estudios demuestran que el mero hecho de oír hablar de la higiene del sueño ayuda a mejorarla en la práctica, lo que a su vez mejora la calidad del sueño.[37] De manera que solo por leer este capítulo, ya estás en la senda correcta. Y hay algunos consejos más concretos para preparar el cerebro para una gran noche de sueño:

Duerme ocho horas seguidas. La mayoría de la gente necesita alrededor de ocho horas de sueño. En general, cuanto mayor eres, menos sueño necesitas. En la universidad, precisas unas ocho horas y veinticuatro minutos. Para cuando empiezas a cotizar para la seguridad social, es posible que te baste con siete. Lo importante es dormir en un bloque continuo (siete horas más una hora de siesta no es lo mismo). Así que no duermas la siesta habitualmente. Y si consigues dormir bien con regularidad, ni siquiera sentirás que la necesitas.

Utiliza tu cama y tu dormitorio solo para dormir. No trabajes en la cama ni en el dormitorio. No navegues por Internet. No veas la televisión. Si usas el dormitorio solo para dormir, tu cerebro asociará la cama solo con el sueño, lo que induce somnolencia como condicionamiento clásico.* Por supuesto, también está bien tener sexo en él (algunos podrían decir que más que bien).

Establece una rutina para prepararte para dormir. Hazlo cada noche: un ritual para separarte del resto de tu ajetreado día. La corteza prefrontal, en particular, necesita relajarse, así que si estás haciéndolo todo a doscientos por hora y luego te dejas caer en la cama, puede que tengas dificultades para dormirte o para conseguir dormir bien. Un ritual para dormir puede implicar cepillarse los dientes, lavarse la cara, ir al baño y luego leer durante unos minutos. O podrías tomar una infusión de hierbas, leerles un cuento a los niños o rezar una oración... cualquier actividad relajante. La meditación también puede ser útil. Una vez más, el sexo está bien, pero probablemente no puedas contar con ello como parte de tu rutina habitual (si puedes, apúntate un tanto).

Evita la cafeína cerca de la hora de acostarte. Esto es una obviedad. Incluso si consigues dormirte tomando cafeína, esta

---

* N. del T.: también llamado «condicionamiento pavloviano».

sustancia interrumpe la estructura normal del sueño y reduce su calidad. Así que nada de té negro, té verde, café o Red Bull pocas horas antes de dormir.

Come y bebe con moderación. No comas una comida abundante menos de tres horas antes de acostarte. La indigestión puede interferir en el sueño, y el reflujo ácido es más común una vez que estás en posición horizontal. Sin embargo, un pequeño aperitivo está bien, y es incluso útil si el hambre no te deja dormir. Igualmente, la sed puede interrumpir el sueño, así que toma un par de sorbos de agua antes de acostarte. Pero no te tomes un vaso entero, o tu vejiga te despertará en medio de la noche.

No uses habitualmente el alcohol como ayuda para dormir. Una cerveza o un vaso de vino te pueden ayudar a dormirte antes, pero interrumpen la estructura del sueño, así que tu noche no será tan relajante.[38] Además, cuanto más a menudo utilices el alcohol para dormirte, menos funcionará. Por último, el abuso de alcohol puede conducir a los mismos tipos de reducción del sueño de onda lenta y aumento del sueño REM que se observa en la depresión.[39]

Ejercicio. Haz de la actividad física una parte habitual de tu vida. El ejercicio mejora el sueño sincronizando los ritmos circadianos, reduciendo el estrés, disminuyendo el sueño REM e induciendo numerosos cambios neuroquímicos.[40] Sin embargo, hacer ejercicio en exceso cerca de la hora de acostarse puede provocar que sea difícil dormirse, así que trata de hacerlo unas cuantas horas antes.

PRUEBA LA TERAPIA COGNITIVA CONDUCTISTA

La terapia cognitiva conductista para el insomnio (TCC-I) inclu-ye una buena higiene del sueño, pero también aborda los pen-samientos y hábitos negativos que lo interrumpen. La TCC-I mejora la capacidad de atención, el pensamiento y la calidad del sueño, mejor de lo que lo hace la higiene del sueño por sí sola,[41] y puede ser un tratamiento eficaz para la depresión.[42] Un tera-peuta profesional puede ayudarte a sacar el máximo partido de la TCC-I, pero aquí tienes unos cuantos consejos sencillos de esta terapia:

Lleva un diario del sueño. Si ves a un profesional del sueño, lo primero que te pedirá que hagas es llevar un diario del sueño. La forma más sencilla consiste en escribir la hora a la que te fuiste a la cama y la hora a la que te despertaste, pero incluir más in-formación puede hacerlo aún más útil. Trata de escribir la hora a la que pretendías despertar y acostarte, cuánto tiempo pensaste que te llevaría dormirte, tus niveles de estrés, cualquier medi-cación que tomaste o lo que comiste, qué actividades realizas-te antes de irte a la cama y la calidad de tu sueño. También hay muchos recursos en línea disponibles para ayudarte a llevar un diario del sueño. Tras una semana, fíjate en si notas cualquier pa-trón en lo que te ayuda a dormir mejor y lo que te hace dormir peor. Incluso aunque creas que el hecho en sí de llevar un diario no te está sirviendo de nada, al menos puedes enseñárselo a un profesional, y eso te ayudará a dar con la solución.

Reduce la ansiedad. ¿Te produce ansiedad el dormir lo sufi-ciente? Reconocerlo puede reducir el exceso de actividad límbi-co. Utiliza los consejos del capítulo dos para ayudarte.

Restringe el sueño. Lo más duro del insomnio es permanecer acostado, incapaz de quedarte dormido. A veces la solución es dejar de intentarlo. Si siempre tratas de dormir durante ocho horas pero solo duermes seis, prueba a dormir solo seis. Si sueles irte a la cama a las once pero no te duermes hasta medianoche, acuéstate a las doce, pero levántate a la misma hora. Una vez que empieces a dormir de forma más continuada y a perder menos tiempo dando vueltas en la cama, podrás cambiar gradualmente la hora de dormir.

Simplemente, relájate. Cuanto más te muevas, más difícil será quedarte dormido, así que escoge una posición cómoda y quédate ahí. No mires el reloj, no ajustes la almohada, solo relájate. Si no puedes mantener la calma, sal de la cama y vete a otra habitación. Haz algo relajante durante veinte o treinta minutos y luego vuelve a intentarlo.

Capítulo

8

Desarrolla buenos hábitos

En la primavera de 1870, un joven William James sufría de una «crisis existencial», llena de ansiedad y melancolía. Pero tras leer un ensayo sobre el libre albedrío, se dio cuenta de que podía mejorar su estado de ánimo cambiando sus hábitos. A los tres años de aquello, comenzó a enseñar en la Universidad de Harvard y con el tiempo llegó a convertirse en el padre de la psicología estadounidense. En 1890 escribió: «Por lo tanto, lo fundamental en toda la educación es hacer del sistema nervioso nuestro aliado en lugar de nuestro enemigo [...] Debemos convertir lo antes posible todas las acciones útiles que podamos en acciones automáticas y habituales». Ya por aquel entonces entendía William James el poder de los cambios de vida para causar cambios cerebrales, aunque ahora contamos con la neurociencia para respaldar este hecho.

Los hábitos son aquello que haces cuando no estás pensando en lo que haces. En el capítulo cuatro hablé sobre cómo el cerebro se queda atrapado en hábitos perjudiciales: cómo el cuerpo estriado dorsal controla las rutinas y el núcleo accumbens controla los impulsos. En este capítulo, veremos cómo conseguir que estas mismas regiones cerebrales trabajen para ti en lugar de en tu contra. Esto te permitirá aprovechar el sistema de hábitos del cerebro para hacer las cosas, de manera que no tengas que depender siempre enteramente de tu corteza prefrontal sobrecargada. Desarrollar buenos hábitos puede ser un empujón poderoso para una espiral ascendente, porque una vez que pongas esos hábitos en movimiento, podrás comenzar a cambiar tu vida sin ningún esfuerzo adicional.

CÓMO CREAMOS LOS HÁBITOS

Ya he explicado cómo los hábitos se crean por medio de la repetición. Pero voy a decirlo una vez más. Los hábitos se crean con la repetición. Curiosamente algunos hábitos requieren menos repetición que otros, porque algunas acciones liberan inherentemente más dopamina. Por desgracia, los malos hábitos son los que a menudo liberan gran cantidad de dopamina, por lo que no hay necesidad de practicarlos muy a menudo para engancharse. Fumar libera una gran cantidad de dopamina en el núcleo accumbens, y ese es el motivo por el que no hay que fumar muchos cigarrillos para adquirir el hábito. Por el contrario, el hilo dental apenas libera dopamina, por lo que tienes que usar hilo dental a diario durante mucho tiempo para convertirlo en un hábito.

Por supuesto, al principio, cuando intentas crear un nuevo hábito, esto requiere un esfuerzo. No siempre te apetece ir al gimnasio, permanecer tranquilo o llamar a un amigo. Eso es porque las conexiones correctas dentro del cuerpo estriado aún no se han establecido y fortalecido. Comenzar un nuevo hábito requiere la intervención de la corteza prefrontal, y eso requiere esfuerzo mental. En la depresión se necesita un esfuerzo mental aún mayor.

La buena noticia es que el cuerpo estriado dorsal responde a la repetición. No importa si quieres o no hacer algo, cada vez que lo haces, se graba más en el cuerpo estriado dorsal. Las primeras veces será más difícil, porque se basará en la corteza prefrontal. Pero si puedes seguir adelante, cada vez te costará menos hacerlo a medida que la carga de la acción pasa de la corteza prefrontal que se esfuerza de manera consciente al cuerpo estriado dorsal que hace las cosas de manera inconsciente y sin esfuerzo.

LA AUTOAFIRMACIÓN AYUDA A CAMBIAR LOS HÁBITOS

Dos estudios del Reino Unido descubrieron una forma ingeniosa de ayudar a cambiar los malos hábitos. El secreto es la autoafirmación, que puede parecer ridícula, pero los resultados fueron innegables. En el primer estudio los fumadores tuvieron que responder a una serie de preguntas.[1] A los miembros del grupo de control se les hicieron preguntas aleatorias sobre sus opiniones, como: «¿El helado con mejor sabor es el de chocolate?». Pero a los del grupo de «autoafirmación» se les hicieron preguntas que los obligaron a centrarse en lo mejor de sí mismos: «¿Alguna vez has perdonado a alguien que te haya herido?» o «¿Alguna vez has tenido en cuenta los sentimientos de otra persona?». Si los participantes respondían que sí, se les pedía que se extendieran sobre el tema, lo que atraía su atención a sus cualidades positivas. Luego, ambos grupos leían información sobre los efectos negativos de fumar para la salud.

El estudio descubrió que los fumadores del grupo de autoafirmación desarrollaron una mayor intención de dejar de fumar y también eran más propensos a empezar a plantearse cómo dejarlo. Es importante reseñar que el efecto de la autoafirmación era más fuerte en los fumadores más empedernidos. Eso significa que a quienes mejor les sienta la autoafirmación es a quienes están peor.

Se organizó un segundo estudio de manera parecida, excepto que los participantes recibieron información sobre los beneficios de comer de manera más sana. El estudio descubrió que el grupo de autoafirmación consumió un número significativamente superior de frutas y verduras durante la siguiente semana.[2]

Autoafirmación. Antes de pensar en qué hábitos te gustaría cambiar, contesta esta lista de preguntas con un sí o un no. Si respondes sí a cualquier pregunta, por favor explícala.

1. ¿Alguna vez has perdonado a alguien que te haya hecho daño?
2. ¿Alguna vez has sido considerado con los sentimientos de otro?
3. ¿Alguna vez has donado dinero o artículos a alguien menos afortunado que tú?
4. ¿Alguna vez has tratado de animar a quien había tenido un mal día?
5. ¿Alguna vez has alentado a un amigo a luchar por una meta?

Estos estudios demuestran que pensar en tus características positivas hace que te resulte más fácil cambiar tus hábitos. Es genial, pero ¿cómo explica eso la neurociencia?

Sabemos por otros estudios que los recuerdos felices estimulan la serotonina.[3] Es probable que la introspección positiva tenga el mismo efecto en el aumento de actividad de la serotonina. Esto es importante, porque la serotonina es esencial para el funcionamiento correcto de la corteza prefrontal. Además, la introspección y la regulación intencional de las emociones activan la corteza prefrontal medial.[4] Así, la autoafirmación ayuda al pensamiento de la corteza prefrontal a imponerse al cuerpo estriado con estupendos resultados.

REDUCIR EL ESTRÉS

Los médicos residentes tienen que lidiar con horarios extensos, quedarse trabajando hasta tarde por las noches, tratar con pacientes difíciles y vivir con el temor de cometer un error y matar accidentalmente a alguien. En resumen, están estresados. Además de eso, para llegar a ser médicos titulados, deben pasar meses estudiando intensamente para aprobar el examen que les otorga el título oficial. Es decir, están extraestresados.

Para estudiar los efectos del estrés crónico, unos investigadores de Portugal realizaron escaneos de resonancia magnética funcional en un grupo de residentes estresados que acababa de pasar tres meses estudiando para su examen de medicina, en comparación con un grupo de control de médicos residentes que no tenían ningún examen.[5] El estudio descubrió que los sujetos estresados actuaban más por hábito que por intención. Seguían tomando las mismas decisiones, incluso cuando esas decisiones traían resultados cada vez menos gratificantes. No es de extrañar que el aumento del comportamiento habitual fuera causado por cambios de procesamiento dentro del cuerpo estriado dorsal.

Además, el estrés causó que la corteza orbitofrontal implicada en la toma de decisiones se encogiera. Los sujetos fueron estudiados de nuevo seis semanas más tarde, tras haber tenido la oportunidad de relajarse, y de hecho la actividad del cuerpo estriado dorsal había vuelto a la normalidad, lo mismo que el tamaño de sus cortezas orbitofrontales.

El estrés predispone al cerebro a los viejos hábitos por encima de las acciones intencionales, y esta es una de las razones por las que es tan difícil cambiar los hábitos adaptativos, aquello que hacemos para lidiar con el estrés. Uno de los problemas de los hábitos adaptativos es que si no cedes a ellos, te mantienes estresado. Y si intentas suprimir un hábito adaptativo, te volverás más estresado, lo que hace que tu cerebro quiera ceder a ese hábito adaptativo aún más. Es evidente que se trata de una espiral descendente, y la mejor solución es encontrar otras formas de reducir el estrés.

Hay muchos medios de reducir los niveles de estrés: el ejercicio (capítulo cinco), la toma de decisiones (capítulo seis), el mejoramiento de la higiene del sueño (capítulo siete), la retroalimentación biológica (capítulo nueve), la gratitud (capítulo diez) y las interacciones sociales (capítulo once). Incluso si no puedes reducir tu estrés tanto como te gustaría, un poco de estrés aporta algunos beneficios: los hábitos se aprenden más profundamente cuando estás estresado.[6] Así que si puedes conseguir cambiar tus hábitos, incluso un poco, tus esfuerzos tendrán un efecto más poderoso que tratar de cambiarlos cuando no estás estresado.

ACEPTA QUE NO SERÁS PERFECTO

En un discurso pronunciado en el año 2012, el autor y novelista gráfico Neil Gaiman hizo la aguda observación de que «si cometes errores, significa que estás ahí fuera haciendo algo». Para cambiar los hábitos no es imprescindible no cometer ningún error; de hecho, los errores son casi inevitables. Como he dicho anteriormente, los hábitos son creados por repetición, es decir, por *práctica*. Practicas continuamente tus hábitos, del mismo modo en que LeBron James[*] practica continuamente su tiro en suspensión. Como es una práctica, es lógico que cometas errores, muchos errores, sobre todo al principio.

Los viejos hábitos persisten debido a la actividad del cuerpo estriado. Afortunadamente cuando quieres crear un nuevo buen hábito, como ir al gimnasio o comer alimentos más saludables o incluso ducharte para comenzar el día, la corteza prefrontal puede anular al cuerpo estriado. El problema es que la corteza prefrontal solo puede anularlo en la medida en que esté prestando atención, y es imposible que esté continuamente vigilante. Tiene mucho que hacer y un número limitado de recursos para prestar atención. Cuando dejas de prestar atención a causa de la distracción o el estrés, el cuerpo estriado se hace cargo, y no te das cuenta de ello hasta que te has comido medio kilo de helado.

Comprométete a cambiar. Comprometerte a cambiar es más eficaz que simplemente querer cambiar, y aumenta extraordinariamente tus probabilidades de éxito.[7] Ser específico con lo que quieres cambiar ayuda a que sea más alcanzable. Por ejemplo, «me comprometo a trabajar más» no es tan eficaz como «me comprometo a ir al gimnasio los martes y jueves antes de trabajar».

---

[*] N. del T.: jugador estadounidense de baloncesto que juega en Los Angeles Lakers, de la NBA.

Imagínate que tu cuerpo estriado es como un perro al que hay que entrenar. Si dejas un plato de galletas en la mesita del salón y el perro se las come, no puedes enojarte con él. Eso es lo que hacen los perros. ¿Qué esperabas? Si te quedaras ahí, vigilándolo todo el tiempo, quizá las galletas estarían seguras, pero llegaría un momento en que el teléfono sonaría o tendrías que ir a trabajar. Lo mismo sucede con tu cerebro. Si no has entrenado a tu cuerpo estriado para dejar de comer galletas, ¿qué es exactamente lo que esperas que suceda cuando tu corteza prefrontal deje de vigilar?

A menudo, tratamos de adquirir un buen hábito y luego metemos la pata y decimos que nos ha fallado la fuerza de voluntad. Pero mantener un buen hábito no es solo cuestión de fuerza de voluntad. Tienes fuerza de voluntad solo en la medida en que tu corteza prefrontal presta atención y tiene suficiente serotonina para trabajar correctamente. Es verdad, decidir que quieres hacer las cosas de otro modo es un primer paso importante, pero a tu cuerpo estriado no le importa mucho lo que quieres; lo que le interesa es la repetición.

No tendrás éxito el cien por cien de las veces (quizá ni siquiera la mayor parte del tiempo), pero sentirte mal contigo mismo no ayuda al proceso de entrenamiento del cerebro. Lo entorpece. Esos sentimientos de frustración o autocrítica son causa de estrés y hacen más probable que vuelvas a tus viejos hábitos. La clave para cambiar viene en el momento en que comprendes que no pusiste en práctica el hábito que deseabas desarrollar. Ese momento especial es una oportunidad para que la corteza prefrontal se reafirme, para recordarte a ti mismo tu objetivo y volver a intentarlo. Sí, probablemente cometerás muchos errores, pero si te rindes tras un error, lo único que habrás conseguido es entrenar a tu cuerpo estriado para que tire la toalla. Probablemente oirás una vocecita en tu cabeza que te dirá que te rindas, pero cuanta más atención le prestes, más se convertirá en un hábito y más difícil será resistirse. Cada vez que te mantienes fiel a tus objetivos, la voz se vuelve más débil.

Sé tan paciente y amable contigo como lo serías con un lindo perrito al que estuvieras tratando de entrenar en tu casa. Estresando al cachorro solo conseguirás que se haga pis en el suelo. Cuando al principio el hábito no arraiga, vuelve a intentarlo otra vez. Y otra... y todas las que haga falta, y al final llegará a arraigar.

AUMENTAR LA SEROTONINA PARA ADQUIRIR MEJORES HÁBITOS

Imagina que tienes un dulce en un plato delante de ti. A tu lado hay una mujer muy agradable que lleva una bata de laboratorio. Te dice que se va a ir de la habitación y que, si quieres, puedes comerte el dulce. Pero si esperas, te dará *dos*. Oh y, por cierto, resulta que solo tienes cuatro años de edad. Así que ¿qué eliges? ¿Un dulce ahora o dos más tarde? Piénsalo bien. Puede que esto te marque durante el resto de tu vida.

Este famoso experimento se llevó a cabo hace más de cuarenta años. Los niños que esperaron para conseguir el segundo dulce alcanzaron más éxito de adultos que los que se comieron enseguida el que tenían delante de ellos. Sus puntuaciones de selectividad fueron más altas y tuvieron más probabilidades de ir a la universidad y menos de consumir drogas.[8] En realidad, el experimento del dulce es una prueba de la función de serotonina de la corteza prefrontal y de su capacidad para anular la influencia del cuerpo estriado habitual e impulsivo. De hecho, cuando los niños del experimento original fueron sometidos a una exploración de resonancia magnética funcional cuatro décadas más tarde, incluso tenían diferencias en la actividad prefrontal.[9] Los que habían esperado a los dos dulces a los cuatro años tenían mayor actividad ventrolateral prefrontal, que, como es de esperar, ayuda a controlar los impulsos.

Afortunadamente, tu sistema de serotonina no queda fijado a los cuatro años. Es posible mejorar la actividad de la serotonina, por lo que es más fácil crear buenos hábitos[10], y aquí verás algunas maneras de hacerlo.

Luz solar

Cuando los humanos empezaron a evolucionar, había menos pantallas LED y cubículos con luces fluorescentes, y la gente se iluminaba con la luz del sol. La luz solar tiene ventajas distintivas sobre la luz artificial. En primer lugar, los rayos ultravioletas de la luz del sol, cuando se absorben a través de la piel, permiten que el cuerpo produzca vitamina D, que tiene muchas funciones importantes, como fomentar la producción de serotonina. En segundo lugar, la luz solar es mucho más intensa que la mayoría de la luz artificial. Quizá creas que las luces de tu oficina son brillantes, pero es solo porque tus ojos se adaptan bien a la luz ambiental. En realidad, la intensidad de la luz en un día brillante y soleado es cerca de cien veces superior. La luz solar brillante mejora la producción de serotonina e impide que el transportador de la serotonina la absorba (esto también lo hacen los antidepresivos). Por último, la luz solar dispersa que crea el azul del cielo es el color ideal para estimular los fotorreceptores que controlan los ritmos circadianos. De manera que es mejor para promover un sueño de calidad que la luz artificial.

Masaje

Numerosos estudios han examinado los efectos del masaje en todo el mundo, desde bebés y madres primerizas hasta supervivientes de cáncer de mama y personas que sufren de migrañas. Los resultados son bastante claros: el masaje aumenta la serotonina hasta en un treinta por ciento.[11] El masaje también disminuye las hormonas del estrés y eleva los niveles de dopamina, que ayudan a crear nuevos buenos hábitos.

Ejercicio

Expuse esto en profundidad en el capítulo cinco, pero merece la pena repetirlo: el ejercicio aumenta tanto la producción como la liberación de serotonina. En particular, los ejercicios aeróbicos, como correr y andar en bicicleta, son los mejores para estimular la serotonina. Lo curioso es que si intentas hacer demasiado ejercicio o te sientes obligado a hacerlo, puede que no tenga el efecto adecuado. Reconocer que estás eligiendo hacer ejercicio cambia su efecto neuroquímico. Eso puede ser el resultado de tus instintos ancestrales, la diferencia entre correr porque estás cazando algo y correr para huir de algo que te persigue.

Rememorar recuerdos felices

Esta podría parecer la pieza más esotérica del rompecabezas, pero quizá sea la más importante. También es la más sencilla de llevar a cabo. Lo único que tienes que hacer es recordar los acontecimientos positivos que han sucedido en tu vida. Este simple acto aumenta la producción de serotonina de la corteza cingulada.[12] El mismo estudio demostró también que recordar los acontecimientos tristes disminuía la producción de serotonina en la cingulada anterior. Por lo tanto, recordar los acontecimientos positivos tiene un doble efecto: incrementa la serotonina y también te impide pensar en acontecimientos negativos.

> **Recuerda los buenos momentos.** Tal vez puedas recordar un cumpleaños especial de la infancia o un viaje divertido o incluso algo tan simple como un domingo agradable por la tarde. Trata de visualizarlo en detalle o, mejor aún, escríbelo para volver a leerlo en el futuro. Si estás atravesando dificultades, habla con un viejo amigo, mira las fotografías o lee en tu diario acerca de tiempos más felices. Repite esto todas las veces que sea necesario.

ACTIVA TU CORTEZA PREFRONTAL

En la depresión, no existe un equilibrio entre las acciones intencionales dirigidas a objetivos y los hábitos y los impulsos, porque la corteza prefrontal no controla apropiadamente el cuerpo estriado. Para empezar a crear buenos hábitos, es necesario activar adecuadamente la corteza prefrontal.

Ten en mente objetivos a largo plazo

El filósofo alemán Friedrich Nietzsche escribió: «Quien tiene un *porqué* para vivir puede soportar casi cualquier *cómo*». Tener metas a largo plazo te proporciona un *porqué*.

Para lograr algo que sea realmente importante para ti, es necesario suprimir una gran cantidad de impulsos a corto plazo.

Si quieres conseguir buenas calificaciones en la universidad, tendrás que saltarte muchas fiestas; si quieres ser un padre atento, tendrás que ver menos televisión. Eso significa que te estás perdiendo la liberación de dopamina que acompaña a esos impulsos. Afortunadamente, suprimir un impulso no siempre tiene que disminuir la dopamina; de hecho, puede ser una sensación agradable. La clave es la corteza prefrontal, que es responsable de perseguir objetivos a largo plazo y tiene la capacidad de modular liberación de dopamina en el núcleo accumbens.[13] Así que suprimir un impulso puede ser gratificante, siempre y cuando esté al servicio de tus valores superiores. Por ejemplo, puede ser satisfactorio quedarte en casa y estudiar en lugar de ir al cine, si tu sueño es convertirte en médico. O puede ser gratificante reprimir ese impulso de comprar sin medida, si estás ahorrando dinero para pagarle la universidad a tu hijo.

Piensa en cómo mejoraría tu vida. ¿Cómo mejoraría tu vida si eliminaras tu hábito perjudicial? En un estudio sobre alcohólicos, se les pidió a los sujetos que pensaran esto mientras miraban fotos de bebidas alcohólicas. Centrarse en cómo mejoraría su vida reducía la actividad en el cuerpo estriado dorsal y el núcleo accumbens.[14] Disminuir las rutinas e impulsos relacionados con el alcohol los preparaba para cambiar su hábito de beber.

Si no tienes metas a largo plazo, esto podría explicar que te resulte difícil desarrollar buenos hábitos. Si necesitas ayuda para establecerlas, consulta el capítulo seis. Y cuando surja un impulso, intenta acordarte conscientemente de tus valores y metas.

Eso te ayudará a activar la corteza prefrontal de la manera correcta y hacer que tus sacrificios a corto plazo resulten más gratificantes.

Sé autoconsciente

La autoconciencia es una técnica de *mindfulness* que ayuda a activar la corteza prefrontal. Sencillamente consiste en tratar de ser consciente de tus emociones y tu respuesta emocional a otras personas y al mundo exterior. La conciencia emocional incrementa la actividad de la corteza prefrontal ventrolateral, que luego se comunica a través de la corteza prefrontal medial para reducir la actividad de la amígdala.[15] Eso significa que si cuentas con los medios para reconocer tus sentimientos cuando estás enojado, triste, tenso o estresado, en realidad te sentirás un poco mejor.

CAMBIA TU ENTORNO

Una vez que los hábitos quedan guardados en tu cuerpo estriado, se activan con un pensamiento, un sentimiento o algo de tu entorno. Los pensamientos y los sentimientos no siempre son controlables, pero tu entorno suele serlo.

Como vimos en el capítulo cuatro, a menudo nos quedamos atrapados en hábitos porque nuestro entorno sigue desencadenándolos. Lo ideal, entonces, sería identificar la señal ambiental específica que está activando el hábito (para más información, ver *El poder de los hábitos*, de Charles Duhigg) y simplemente evitar o cambiar esa señal. Si a la vuelta a casa siempre pasas por el supermercado y compras galletas, la próxima vez no pases ni siquiera por el pasillo de las galletas.

Si no puedes determinar un desencadenante específico, prueba a cambiar aleatoriamente cualquier cosa que no te guste de tu entorno. Tal vez solo sea cuestión de colgar una imagen diferente en la sala de estar, pintar el dormitorio o incluso mudarse a otro apartamento. Comienza a trabajar en otro sitio. Vete de vacaciones. Adopta una nueva afición. Cómprate ropa nueva. Estos consejos pueden parecer extraños, pero al sistema límbico se le da muy bien recoger señales ambientales sutiles, y debido a que tiene un gran número de conexiones con el cuerpo estriado, incluso los cambios sutiles pueden tener un enorme efecto.

Por supuesto, parte del problema es que no importa a dónde vayas porque siempre llevarás contigo tus propias tendencias. Pero cambiarte a ti mismo suele ser más fácil cuando primero cambias tu ambiente.

POSTERGACIÓN PRODUCTIVA

Tal vez quieras ir al gimnasio o tengas un proyecto que entregar en el trabajo o alguna tarea que realizar en casa. A pesar de que el momento de hacerlo se acerca, sencillamente no eres capaz de reunir la energía o la motivación necesarias para poner manos a la obra. Y cuanto más lo postergas, más ansiedad sientes. Tratar de obligarse a trabajar en un proyecto cuando no se tiene energía o motivación es como sentarse en un coche y tratar de cambiar de dirección sin pisar primero el acelerador. Por supuesto, puedes sentarte ahí y girar el volante, pero no sucederá nada. La clave es comenzar a conducir.

Lo mismo puede decirse de aquello que tienes que hacer. Postergarlo mirando Facebook o viendo un *reality* malísimo en la televisión, o no haciendo nada en absoluto, es como sentarte en el coche y jugar con el volante. No te va a llevar a ninguna parte. Se trata simplemente de empezar a hacer algo productivo, cualquier cosa, aunque no sea lo que se supone que debes hacer. Lava un plato en el fregadero. Ponte los zapatos. Envía un correo electrónico de trabajo. Haz cualquier cosa que tengas que tachar de tu lista, aunque no sea ni mucho menos de las más importantes. Aun así, tienes que hacerla, y eso te hace avanzar.

Una vez que empiezas a ser productivo, la dopamina se libera en el cuerpo estriado y partes de la corteza prefrontal. De repente tendrás más energía y motivación para hacer lo que realmente tienes que hacer. No pasa nada por posponer un poco las tareas; solo trata de hacerlo de manera más productiva.

Como William James, puedes lograr que tu sistema nervioso sea un aliado en lugar de un enemigo. Tienes el poder de crear buenos hábitos, y los buenos hábitos tienen el poder de revertir el curso de la depresión.

Aprovecha la biorretroalimentación

M i padre es un tipo muy feliz y relajado, y en parte esto se debe a las tres veces a la semana que va a una academia de baile situada sobre un RadioShack.* En la sala bien iluminada con el suelo de madera, un hombre musculoso de cabeza rapada ataviado con pantalones cortos de surf susurra instrucciones en una mezcla de inglés y sánscrito. Mi padre y el resto de la clase se doblan y tuercen de manera extraña, y las ventanas se empañan con la humedad de su respiración.

Mi padre lleva cerca de diez años practicando yoga. Siempre le han encantado los deportes, pero durante años no entendí qué tenía de especial esta extraña forma de estiramiento prolongado. Pero tras empezar a hacer yoga yo mismo (y aprender más sobre la neurociencia de la depresión), esta práctica ancestral comenzó a reconfigurar mi comprensión de la relación entre el cerebro y el resto del cuerpo.

---

* N. del T.: empresa estadounidense que gestiona una cadena de tiendas de artículos y componentes electrónicos.

Durante décadas, los yoguis han afirmado que el yoga puede mejorar la depresión, disminuir el dolor crónico y reducir el estrés, e incluso mejorar el sistema inmunitario y la presión sanguínea baja. Esto puede sonar a esas tonterías de la Nueva Era, pero lo sorprendente es que ahora la investigación científica apoya todas esas afirmaciones. Parece mágico que posar como un guerrero orgulloso o un cuervo pueda tener efectos tan potentes, pero no es magia; es neurociencia.

Este capítulo no trata solo sobre el yoga. Trata sobre la *biorretroalimentación*, que consiste simplemente en el hecho de que el cerebro cambia su actividad basándose en lo que el resto del cuerpo está haciendo. Resulta que el yoga mejora los cambios cerebrales por medio de una retroalimentación biológica consciente. A veces la gente cree que la retroalimentación biológica requiere tecnología, como un monitor del ritmo cardíaco o algún dispositivo que te diga lo que está haciendo tu cuerpo. Y aunque la tecnología puede hacer que a *ti* te resulte más fácil comprender los cambios corporales, el cerebro no la necesita. Es perfectamente capaz de prestar atención al ritmo cardíaco, el ritmo respiratorio, la tensión muscular y otras decenas de actividades corporales. De hecho, el cerebro está prestando atención a todas esas cosas todo el tiempo, tanto si eres consciente de ello como si no.

Prueba el yoga. El yoga utiliza casi todas las sugerencias de este capítulo, como el estiramiento, la respiración, la relajación y los cambios posturales; y, de hecho, puede ayudar a tratar la depresión.[1] Las posturas de yoga que incorporan flexiones hacia atrás y abren el pecho juegan un papel especialmente importante en el aumento de las emociones positivas.

Sabemos que el cerebro puede controlar el resto del cuerpo, especialmente cuando se trata de aspectos como las emociones. Cuando te sientes asustado o entusiasmado, el corazón te late más rápido; cuando te sientes frustrado, aprietas la mandíbula. Pero resulta que, como casi todo lo que contiene este libro, las emociones funcionan de forma bidireccional. Son un bucle de retroalimentación. El cerebro cambia su actividad basándose en lo que hace el resto del cuerpo.

Incluso acciones tan sencillas como cambiar de postura, relajar la cara o respirar más despacio pueden tener efectos extraordinarios en la actividad cerebral y, por consiguiente, en el estrés, los pensamientos y el estado de ánimo. Estos cambios son a menudo transitorios, pero pueden ser duraderos, sobre todo si implican cambiar un hábito. Puedes seguir mejorando la retroalimentación biológica siendo más consciente de tu cuerpo.

CÓMO FUNCIONA LA RETROALIMENTACIÓN BIOLÓGICA

El cerebro recibe constantemente señales del resto del cuerpo que le dicen cómo tiene que sentirse. Aprender a entender y controlar estas señales contribuye en gran medida a poner en marcha una espiral ascendente.

En el cerebro hay varias regiones dedicadas a las sensaciones corporales. Cada uno de los sentidos (gusto, olfato, oído, tacto y vista) tiene su propio espacio en la *corteza sensorial*. Además, en algunas sensaciones también hay componentes emocionales que son procesados posteriormente por la ínsula. Los diferentes tipos de procesamiento sensorial son más evidentes cuando se trata de dolor. Por ejemplo, si te golpeas la frente con el armario de la cocina, la corteza del tacto podría notarlo, y pensaría: «Me he golpeado la cabeza con algo», mientras que la ínsula procesaría: «¡Ooooh! ¡Ay, ay, ay!».

¿Tienes hambre o estrés? Desafortunadamente, las sensaciones emocionales no son muy precisas, y tu cerebro a menudo las interpreta mal. Por ejemplo, el cerebro recibe una señal de que algo sucede en el estómago. Puede interpretarlo como hambre, pero de hecho podría ser simplemente que estás estresado, o viceversa. Estos tipos de señales son como la luz de control del motor del coche: te alertan de que algo está sucediendo, pero no son muy útiles para decirte qué. Reflexionar tranquilamente sobre tus sentimientos puede ayudarte a distinguir las señales.

Además del dolor, muchas otras sensaciones tienen componentes emocionales, tales como los músculos tensos o el malestar de estómago. Las señales neuronales para estas sensaciones son transmitidas por el *nervio vago*, que recorre toda la parte superior del cuerpo y envía información al cerebro sobre el ritmo cardíaco, la respiración, la digestión y otras funciones corporales que generalmente tienen un componente emocional.

LA RETROALIMENTACIÓN BIOLÓGICA EN LA DEPRESIÓN

¿Recuerdas cómo tu madre te decía: «Alegra esa cara, o seguirás así»? Pues tenía razón. Fruncir el ceño te hace sentir peor y por lo tanto con más probabilidades de seguir frunciendo el ceño. Si no estás al tanto del poder de la retroalimentación biológica, esto puede llevarte, sin querer, a mantenerte atrapado en una espiral descendente.

En la depresión, la gente tiende, sin darse cuenta, a comunicar mucha información biológica negativa; por ejemplo, una postura tímida o retraída, normalmente acompañada de hombros encorvados, caídos hacia delante, aumenta los sentimientos de tristeza. Las personas con depresión también sufren de aumento de la tensión muscular, lo que incrementa las sensaciones de ansiedad,[2] y una reducida *variabilidad del ritmo cardíaco*,[3] que tiene un gran impacto en su estado de ánimo... tanto si has oído hablar de esto como si no.

La variabilidad del ritmo cardíaco es exactamente lo que su nombre indica: las frecuencias cardíacas saludables de la mayoría de las personas sanas varían ligeramente: un poco más rápido en un momento, un poco más despacio en otro. La información se transmite por el nervio vago y hace que el ritmo cardíaco disminuya cada vez que se espira. Sin embargo, quienes sufren de depresión tienen menos actividad en el nervio vago, por lo que la velocidad del corazón no cambia tanto. Sus latidos cardíacos se mantienen fijos, como un metrónomo. Esto es tan importante que, de hecho, la estimulación eléctrica del nervio vago es un tratamiento para la depresión (capítulo doce). Desafortunadamente, la estimulación directa del nervio vago requiere cirugía, pero puedes estimularlo tú mismo a través de tus propias acciones, que expongo a continuación.

Un chorrito de agua fría. Echarse agua fría de golpe en la cara ralentiza el ritmo cardíaco y estimula indirectamente el nervio vago. Si te sientes agobiado, estresado o ansioso, ve al fregadero, recoge agua fría con las manos y échatela en la cara.

Una expresión facial negativa, una postura retraída, el aumento de la tensión muscular y la reducción de la variabilidad del ritmo cardíaco son síntomas de estar deprimido. Sin embargo, como sucede con tantos aspectos de nuestro cerebro, estos no son solo los resultados de la depresión, sino también parte de la causa.

Utiliza el poder de la música. Ya se trate de tocar un instrumento o de escuchar la radio, la música aumenta la variabilidad del ritmo cardíaco, aunque tocar música tiene un efecto más fuerte.[4] La música activa la mayor parte del sistema límbico, como el hipocampo, la cingulada anterior y el núcleo accumbens, por lo que puede ser motivadora y agradable, y ayudar a regular las emociones.[5] También puede ser calmante, bajar la presión arterial[6] y reducir el estrés. Así que canta con la radio o simplemente haz una lista de reproducción de tus canciones favoritas. Mejor aún, vete a bailar. El baile combina la música, el ejercicio y la sociabilidad, por lo que obtendrás un triple impulso para una espiral ascendente.

La buena noticia es que puedes cambiar la retroalimentación. Si el cerebro recibe señales del resto del cuerpo de que debe sentirse tranquilo (por ejemplo, estás tomando respiraciones largas, lentas) o feliz (estás sonriendo y llevando la cabeza alta), es más probable que se sienta tranquilo y feliz. Esta es la manera de hacerlo:

SONRÍE

Tu sonrisa es una herramienta poderosa. La mayoría de la gente cree que sonreímos porque nos sentimos contentos, pero también puede ser al revés: nos sentimos contentos porque sonreímos.

Sonreír aumenta los sentimientos positivos. En un famoso estudio realizado en los pasados años ochenta hicieron sonreír o fruncir el ceño sin querer a los participantes usando un lápiz.[7] A los sujetos no se los informó de que el experimento tenía el objetivo de estudiar la emoción, pero en cambio se les pidió que sostuvieran un lápiz de una de las tres maneras siguientes: entre los dientes sin que lo tocaran los labios, entre los labios o en la mano. Sostener un lápiz entre los dientes sin dejar que los labios lo toquen fuerza a la boca a esbozar una especie de sonrisa. Mantenerlo entre los labios hace que resulte imposible sonreír y te obliga a fruncir de alguna manera el ceño. El grupo del lápiz en la mano era el grupo de control. Una vez situados, los participantes miraron dibujos animados y evaluaron lo divertidos que eran. Al grupo de la «sonrisa» los dibujos animados le parecieron mucho más divertidos que al del «ceño», mientras que el grupo de control se encontraba en algún punto intermedio.

Sonrisa. Es sencilla y mejora tu estado de ánimo; ni siquiera necesitas un lápiz. No lo hagas por los demás ni delante del espejo. Solo relaja la tensión en la cara y deja que las esquinas de la boca tiren hacia arriba. El complejo y asombroso proceso de retroalimentación biológica se pone en acción.

En un estudio más reciente, los participantes vieron una serie de rostros y se les ordenó o bien elevar las mejillas (es decir, sonreír) o bien contraer las cejas (esto es, fruncir el ceño).[8] Cuando los participantes sonreían, las expresiones faciales de las fotos les parecieron más agradables que cuando estaban frunciendo el ceño. Así que cuando sonríes, es más probable que percibas emociones positivas en otras personas, lo que puede tener una gran influencia en tu estado de ánimo. Además de eso, los efectos de incluso una breve sonrisa persistieron durante varios minutos.

Reír. Si quieres obtener el mayor beneficio de retroalimentación facial, ríe. Incluso aunque nada sea divertido, solo tienes que abrir la boca y soltar un «jajaja». El cerebro apenas distingue entre risas genuinas y risas falsas,[9] y reírte de manera falsa puede a menudo llevarte a reírte sinceramente de ti mismo.

La retroalimentación facial funciona porque el cerebro percibe la flexión de ciertos músculos faciales (como el *cigomático mayor*, músculo de la comisura de la boca), y por lo tanto piensa: «Debo de estar contento por algo». Del mismo modo, si ese músculo no está flexionado, el cerebro piensa: «Oh... No debo de ser feliz».

En el mundo real, además de la retroalimentación neural directa, también tenemos la ventaja adicional de la retroalimentación social. Las sonrisas son contagiosas. Así que, si sonríes, incluso aunque no te sientas mucho más feliz, la gente a tu alrededor será más propensa a sonreír, y eso puede mejorar también tu estado de ánimo.

Por último, si puedes reunir la energía para sonreír con sinceridad, probablemente obtengas un beneficio aún mayor. Este es también un gran consejo para volverte más fotogénico. Aunque el músculo cigomático controla principalmente las comisuras de la boca y se puede utilizar para esbozar sonrisas falsas, un músculo situado en la comisura de los ojos (el *orbicular de los ojos*) se flexiona solo cuando sonríes de verdad. La razón por la que muchas personas piensan que sus sonrisas parecen falsas en las fotos es que *son* falsas: las comisuras de sus ojos no están flexionadas.

ENDERÉZATE

Tu madre tenía razón de nuevo: deja de encorvarte. Si quieres tener confianza en ti mismo y ser decidido, ponte derecho y abre el pecho al mundo. Tu postura es una importante fuente de retroalimentación biológica. Un estudio alemán hizo que los participantes tomaran decisiones mientras estaban en una postura segura o en una indecisa.[10] Cuando la gente estaba en una postura segura, era más decidida. De manera que si quieres ser más decidido, adopta (literalmente) una postura decidida.

Una postura segura también te hace tener más confianza en tus propios pensamientos y creencias en general. Un estudio español hizo que los participantes se sentaran en una postura segura o insegura mientras escribían sobre sus propias cualidades positivas o negativas.[11] Los sujetos que habían adoptado la postura segura estaban más convencidos de lo que escribían, ya fuera bueno o malo. La confianza en sus cualidades positivas los hacía más optimistas.

Además, una postura segura mejora el efecto de los elogios de otras personas. En un estudio de Texas, los investigadores colocaron a los participantes en una postura segura o insegura y les dijeron que eran buenos haciendo exámenes.[12] Cuando más tarde se les hizo un examen difícil, los participantes en la postura insegura se rindieron más fácilmente, mientras que quienes estaban en la postura segura se esforzaron más. Recuerda que a todos se les había felicitado previamente por su capacidad para realizar exámenes, pero los sujetos de la postura segura interiorizaron esta información positiva.

Una postura segura quizá no te haga automáticamente más feliz, pero sí modula la respuesta de tu cerebro a tus pensamientos. Así que si quieres tener más confianza (por ejemplo: «Voy a triunfar en esta entrevista de trabajo» o «Voy a dejar de fumar»), piensa algo positivo mientras sacas el pecho y mantienes la barbilla hacia arriba. Del mismo modo, si alguien te halaga, actúa como si lo creyeras.

Aparte de tu respuesta cerebral, la postura también puede tener un componente de biorretroalimentación social. Es fácil pensar que tú determinas por completo tu estado de ánimo, pero otra gente percibirá automáticamente tu postura y reaccionará a ella. Tú notarás (consciente o inconscientemente) sus reacciones y estas te afectarán. Una postura segura hace que la gente confíe más en ti. De manera que tu cerebro no solo piensa: «Oh, estoy erguido, debo sentirme seguro», sino también:

«¡Genial! Parece que todo el mundo confía mucho en mí. Debo tener mucha confianza en mí mismo».

Por último, más allá de cualquier efecto sobre la confianza, estar erguido también puede aumentar tu energía. Un estudio publicado en la revista *Biofeedback* mostró que agacharse disminuye los niveles de energía,[13] y que esto tiene un efecto más fuerte en las personas con niveles más altos de depresión. Quienes tienen tendencia a sentirse mal se sienten aún peor cuando están encorvados. Esto significa que las mejoras en la postura tendrán el mayor efecto sobre aquellos que sufren la peor depresión. Curiosamente, el estudio también demostró que saltar incrementa los niveles de energía (así que tal vez podrías saltar por el pasillo cuando nadie te vea).

Los cambios en la postura se reflejan en los cambios en los niveles de neurohormonas. Un estudio de la Universidad de Harvard demostró que estar de pie o sentado en una postura más abierta aumenta la testosterona y disminuyc la hormona del estrés cortisol.[14] Es probable que estos cambios en las neurohormonas contribuyan a los demás efectos de las posturas seguras descritas anteriormente.

Conclusión: si te sientes inseguro, alza la barbilla, ponte derecho y saca pecho. Esto te ayudará a sentirte más decidido e interiorizar pensamientos positivos, y te dará más energía.

SERENA TU ROSTRO

Piensa en la mitad de tu frente, justo por encima del centro de tus cejas. ¿Hay tensión ahí? ¿Estás preocupado por algo? Este músculo es el *corrugador superciliar*, y tira de las cejas hacia abajo y las junta, causando las arrugas de la frente (en otras palabras, obtiene su nombre del hecho de que corruga* la piel). Ayuda a expresar el descontento, la ira, la preocupación y otras emociones negativas. Pero el ceño fruncido es también una causa de consternación y descontento. De la misma manera que tu cerebro piensa que estás contento cuando siente que tus músculos de «sonrisa» están flexionados, se da cuenta de cuando su corrugador superciliar se flexiona y piensa que estás molesto o preocupado.

Lleva gafas de sol. En días brillantes, a menudo contraemos el corrugador superciliar mientras entrecerramos los ojos para reducir el resplandor del sol. Así que, aunque podría ser un día precioso, estás enviando señales a tu cerebro de que estás un poco molesto. Las gafas de sol reducen el deslumbramiento para que no tengas que entrecerrar los ojos. Así que no solo te dan un aspecto atractivo, sino que también, gracias a la retroalimentación facial, te ayudan a sentirte más tranquilo.

En un brillante estudio, los participantes tenían soportes de golf (*tees*) pegados a cada ceja y se les pidió que trataran de juntarlos, lo que solo podían hacer frunciendo las cejas.[15] Al ver imágenes con las cejas fruncidas, experimentaron más tristeza. Fruncir las cejas también aumenta los sentimientos de enojo y asco, y hace que la gente sea menos feliz y agradable y se interese menos.[16]

---

* N. del T.: corrugar es dotar a una superficie lisa de estrías o resaltos de forma regular.

Relaja la mandíbula. A menudo, cuando te estresas, sin darte cuenta aprietas los dientes, lo que aumenta la tensión general. Así que deja que la mandíbula cuelgue floja, muévela de un lado a otro y luego ábrela ampliamente. Esto puede hacerte bostezar, lo que también aumentará tu calma.

Así que si los músculos de las cejas están tensos, sientes emociones más negativas y menos positivas. ¿Qué sucede cuando se relajan? Hay pruebas interesantes de gente con mucho dinero que quiere parecer unos cuantos años más joven. Estoy hablando del bótox. El bótox es una neurotoxina que elimina las arrugas paralizando ciertos músculos faciales. Paralizar el corrugador superciliar hace que resulte muy difícil fruncir el ceño, y quienes se han aplicado el tratamiento a menudo experimentan menos ansiedad simplemente porque no pueden crear la expresión facial correspondiente.[17] Desafortunadamente a veces sienten menos alegría también, ya que no siempre pueden expresar plenamente emoción o sorpresa.

Es muy difícil lograr la paz interior cuando se flexiona el corrugador superciliar. Una frente arrugada es una gran parte de lo que significa sentir (y crear) emociones negativas. Cuando comiences a sentirte ansioso, estresado o enojado, fíjate en si estás arrugando la frente. Trata de relajarla, y la sensación disminuirá.

CAMBIA LA RESPIRACIÓN

La respiración es la función corporal más importante, y como todas las funciones básicas (comer, sexo, etc.), está estrechamente ligada al sistema límbico. Las personas con problemas respiratorios tienen un riesgo mucho mayor de desarrollar depresión.[18] Cambiar la respiración es una herramienta poderosa para crear una espiral ascendente, porque es una de las maneras más rápidas de cambiar el estado emocional.

Respira hondo. Cuando estés nervioso o abrumado, inspirar lentamente puede aliviarte. Inspira despacio a través de la nariz mientras cuentas tranquilamente hasta seis (o incluso hasta ocho). Haz una pausa de un par de segundos al final de la inspiración y luego espira lentamente a través de la nariz contando igual que al inspirar.

Diferentes tipos de respiración tienen diversos efectos en el cerebro y el resto del cuerpo. Un estudio sueco mostró que una combinación de diferentes tipos de respiración (lenta, rápida y superrápida) aumenta las sensaciones de optimismo y disminuye las de depresión, ansiedad y estrés general.[19]

La respiración afecta al cerebro a través de señales transmitidas por el nervio vago. El nervio vago no solo envía señales al corazón, como mencioné anteriormente, sino que también lleva señales al tronco encefálico. La señalización del nervio vago es importante en la activación de circuitos para el descanso y la relajación, conocidos como el sistema nervioso parasimpático. El sistema parasimpático es lo opuesto al sistema nervioso simpático, que controla el instinto de lucha o huida. La respiración lenta aumenta la actividad en el nervio vago e impulsa al cerebro hacia la actividad parasimpática. La respiración lenta y profunda te calma.

Por el contrario, la respiración rápida desactiva el sistema nervioso parasimpático y activa el sistema nervioso simpático. Cuando estás ansioso, excitado, entusiasmado o asustado, respiras rápido. Pero también es cierto que si respiras rápidamente, es más probable que sientas esas sensaciones. La respiración rápida puede hacer que te sientas más nervioso, pero también más entusiasmado. A veces eso es bueno. Tal vez necesites un poco más de energía para llegar al gimnasio (o sencillamente para ponerte en movimiento).

Respira más rápido para obtener energía. A veces sientes que necesitas más energía. Prueba las respiraciones rápidas y superficiales de veinte a treinta segundos. Pero no lo hagas durante mucho tiempo, o puede que empieces a marearte.

RELAJA LOS MÚSCULOS

Cuando te sientes estresado o con ansiedad, tus músculos tienden a tensarse, aunque puede que no seas consciente de ello. Lamentablemente tu cerebro percibe la tensión muscular y piensa: «Debo de estar tenso». Lo curioso de los músculos es que no se tensan por sí mismos. Cuando están tensos, es porque el cerebro les está diciendo que se tensen. Sabiendo esto, ¿cómo puedes ayudar a tu cerebro a relajarse?

Aprieta y relájate. Para recordarle a tu cerebro que relaje los músculos, a veces es útil apretarlos primero. Inspira profundamente y luego tensa un músculo durante unos segundos. Tras mantenerlo así unos segundos, espira con un suspiro y relájate. Para relajarse, los músculos principales son los faciales, ya que son los que tienen el mayor efecto sobre la emoción, pero relajar las manos, el trasero y el estómago también es importante.

Los estiramientos ayudan a relajar los músculos y contribuyen en gran medida a calmar el sistema nervioso. También estimulan las endorfinas y los endocannabinoides,[20] que reducen el dolor. No hace falta que practiques posturas complicadas, cualquier estiramiento servirá.

Recibir un masaje es también una manera genial de relajar los músculos. El masaje reduce el dolor, el estrés y la ansiedad, y mejora el sueño.[21] Los efectos de gran alcance probablemente se deben al hecho de que el masaje aumenta los niveles de serotonina y dopamina y disminuye el cortisol.[22] A veces incluso es útil darse un masaje con una pelota de tenis acostándose o apoyándose sobre ella o haciéndola rodar firmemente contra los músculos. Probablemente no tenga los mismos efectos que recibir un masaje de otra persona, pero es barato y rápido, y la sensación aun así puede ser estupenda.

Pero, por ahora, basta con que te sientes erguido y respires hondo. Deja que tu cara se relaje y que las comisuras de los labios tiren de la piel hacia arriba y permite que la biorretroalimentación obre su magia.

Capítulo

Activa un circuito de gratitud

A finales de la pasada década de los cuarenta, el escritor Albert Camus, que sufría de tuberculosis, viajó desde el París devastado por la guerra para buscar el calor y el solaz de su tierra de nacimiento, en el norte de Argelia. En un diciembre lluvioso y gris se encontró con que todo había cambiado y reconoció amargamente que había sido una estupidez creer que podría revivir sus años más jóvenes. Sin embargo, comprendió que la alegría cálida de su juventud seguía yaciendo intacta en su memoria, y escribió: «En lo más profundo del invierno, finalmente aprendí que dentro de mí habita un verano invencible».

En la depresión, la vida está llena de desilusiones y te faltan cosas que necesitas urgentemente: una buena noche de sueño, un trabajo bien hecho, un rostro cariñoso. Aunque puedes tener la impresión de que hay una gran brecha entre lo que quieres y lo que tienes, nunca te parecerá tan grande como cuando estás abrumado por la depresión. Como vimos en el capítulo tres, algunos cerebros están programados para centrarse en lo negativo, y esa tendencia empeora aún más en la depresión. Pero hay una fuerza poderosa que combate directamente la negatividad, y se llama «gratitud».

La gratitud es un potente antídoto contra la negatividad, porque no depende de las circunstancias de tu vida. Podrías ser pobre y pasar hambre y aun así sentirte agradecido por una cálida brisa. Por el contrario, podrías ser rica y poderosa y seguir molestándote por el sonido que hace tu marido al masticar. La gratitud es una actitud mental; de hecho, hay un circuito de gratitud en tu cerebro, que necesita entrenamiento. Fortalecer ese circuito te brinda la energía para elevar tu salud física y mental, aumentar la felicidad, mejorar el sueño y ayudarte a sentirte más conectado con los demás.

LOS BENEFICIOS DE LA GRATITUD

En los últimos años decenas de estudios han mostrado los beneficios de la gratitud. Tal vez lo más importante es que mejora el estado de ánimo.[1] Cuanto más piensas en la gratitud y la expresas, más fácil te es sentir emociones positivas.

Disminución de los síntomas de depresión

Uno de los mayores problemas de la depresión no es el mero hecho de pensar que vivir no vale la pena, sino la posibilidad de que puedas llevar a la práctica esa idea. De hecho, la gratitud reduce la probabilidad de tener pensamientos de suicidio.[2] Es importante resaltar que el efecto de la gratitud es mayor en quienes presentan los niveles más altos de desesperación. Un poco de gratitud sirve de mucho cuando la vida parece oscura y sin sentido.

Escribe una carta detallada de agradecimiento. Piensa en alguien que se haya portado especialmente bien contigo (un amigo, un maestro, un compañero de trabajo) a quien nunca hayas dado las gracias como se merece. Escríbele una carta de agradecimiento, especificando la manera en que influyó en tu vida. Luego, queda con él, tal vez para tomar un café o una cerveza, y entrégale la carta en persona. No le digas para qué quieres verlo; que sea una sorpresa. Esta forma de gratitud puede tener un efecto muy duradero. Un estudio demostró que tras escribir y entregar una carta de agradecimiento se producía un aumento de los niveles de felicidad que duraba hasta dos meses.[3]

La gratitud también reduce la ansiedad.[4] La preocupación y la ansiedad surgen de la posibilidad de que algo malo pueda suceder. Pero el cerebro solo es capaz de centrarse en unas cuantas cosas a la vez, así que cuando estás agradecido por todo lo bueno que podrían ocurrir en el futuro, la gratitud sustituye a esos sentimientos negativos y la preocupación se evapora.

Mejora de la salud física

Un estudio suizo con cerca de mil participantes utilizó cuestionarios para determinar la conexión entre los niveles de gratitud de las personas y su salud. El estudio descubrió que quienes expresaban más gratitud tenían mejor salud física y psicológica, y eran más propensos a participar en actividades saludables.[5] La gente agradecida también mostró más voluntad de hacer algo respecto a sus problemas de salud. El impulso para cambiar tus circunstancias actuales viene probablemente de la serotonina, porque sin una función adecuada de la serotonina, la gente tiende a resignarse a su destino.

La gratitud aumenta el apoyo social

Como aprenderás en el próximo capítulo, el apoyo social ayuda a crear una espiral ascendente, y la gratitud de hecho eleva el apoyo social. En un estudio, se pidió a un grupo de sujetos que llevasen un diario semanal de aquello por lo que estaban agradecidos, y ese grupo fue comparado con sujetos que llevaban un diario de aquello que les molestaba, o bien una lista neutral de acontecimientos.[6] A otro grupo se le pidió que se compararan con otros. Los investigadores examinaron a estudiantes universitarios medios y a sujetos con afecciones médicas crónicas, que tienen un mayor riesgo de depresión. El estudio descubrió que la gratitud aumentaba la calidad de vida de todos los participantes, incrementaba su optimismo, reducía el dolor y las molestias, y de hecho les hizo hacer más ejercicio. Es importante resaltar que también les ayudó a sentirse más conectados con otros.

Pide ayuda. A veces, cuando te sientes mal, te cuesta concentrarte en los momentos más felices o incluso recordarlos. Si te resulta difícil recordar acontecimientos alegres, habla con un buen amigo, mira fotografías o lee viejas entradas de tu diario. Esta es otra de las razones para llevar un diario de gratitud; puede servirte de recordatorio cuando las circunstancias se vuelven difíciles.

En otro estudio, un grupo de investigadores británicos examinó a gente que atravesaba alguna etapa de transición vital (en este caso, el comienzo de la vida universitaria).[7] Las etapas de transición significan incertidumbre, lo que acelera el sistema límbico. Y cuando tu entorno cambia, tus hábitos cambian, así que si no tienes cuidado, puedes caer en una rutina perjudicial. Como era de esperar, el estudio demostró que el estrés disminuía y los niveles de depresión bajaban en los estudiantes con mayores niveles de gratitud. Al igual que en el estudio anterior, también se concluyó que la gratitud aumentaba la sensación de apoyo social. De manera que se empieza por la gratitud y se obtiene más apoyo social, lo que nos ayuda a sentirnos mejor y más agradecidos, y a partir de ahí el proceso continúa y es imparable.

EL EFECTO DE LA GRATITUD EN EL CEREBRO

Aunque la gratitud tiene numerosos efectos positivos, no hay muchas investigaciones que estudien directamente su efecto sobre el cerebro. Tenemos que extraer las conclusiones que podamos de los pocos estudios existentes y de los que examinan conceptos similares.

La gratitud mejora la actividad de los circuitos de dopamina

Los beneficios de la gratitud comienzan por el sistema de dopamina, ya que sentirse agradecido activa la región del tronco encefálico que produce esta sustancia.[8] Además, la gratitud hacia los demás aumenta la actividad de los circuitos sociales de dopamina, que hace que las interacciones sociales resulten más agradables.

Lleva un diario de gratitud. Tómate unos minutos a diario para anotar tres cosas por las que estás agradecido. Para que se convierta en un hábito todavía mejor, trata de hacerlo a la misma hora todos los días. Si no se te ocurren tres cosas, escribe una sola. Si ni siquiera puedes pensar una, escribe solo: «Estoy agradecido por lo que comí hoy» o «Estoy agradecido por la ropa que llevo puesta». Incluso si una situación es en un noventa por ciento indeseable, aún puedes estar agradecido por el diez por ciento restante.

La gratitud aumenta la serotonina

Un poderoso efecto de la gratitud es que puede impulsar la serotonina. Intentar pensar en algo por lo que estar agradecido te obliga a centrarte en los aspectos positivos de tu vida. Este simple acto aumenta la producción de serotonina en la corteza cingulada anterior.[9] El mismo estudio que descubrió esto mostró también que recordar cosas tristes disminuye la producción de serotonina en la cingulada anterior. Por lo tanto, recordar acontecimientos positivos tiene un doble efecto: directamente, aumenta la serotonina, e indirectamente, te impide recordar circunstancias negativas.

La gratitud mejora el sueño

La gratitud es una gran manera de comenzar una espiral ascendente porque puede mejorar el sueño, y por el capítulo siete sabemos lo importante que es esto. Un estudio canadiense pidió a un grupo de estudiantes universitarios con insomnio que mantuvieran un diario de gratitud durante una semana.[10] Esta simple intervención llevó a una mejoría del sueño, reducción de problemas físicos y menos preocupaciones. Incluso en personas con dolor crónico,[11] la gratitud mejora el sueño y reduce la ansiedad y la depresión.

Gratitud por el futuro

El optimismo combate la negatividad y es una forma de gratitud, porque estamos agradecidos por la *posibilidad* de que ocurra algo bueno. Sabemos por experimentos con resonancia magnética funcional que el optimismo está mediado por la cingulada anterior ventral,[12] y así es probable que la cingulada anterior ventral juegue también un papel en la gratitud. Con el optimismo, ni siquiera se tiene que creer que ocurrirá algo bueno; basta con pensar que *podría* ocurrir o que, pase lo que pase, estarás bien. En ese caso, el optimismo consiste en estar agradecido a tu resiliencia. Incluso aunque creas que prácticamente todo se está yendo a pique, hay una parte de ti que es capaz de soportar cualquier circunstancia: lo que Albert Camus llamó su «verano invencible». Siempre puedes acceder a la espiral ascendente de la gratitud.

Siéntete agradecido al despertar. Por la mañana al despertar, trata de pensar en algo que estés deseando hacer ese día, aunque solo sea desayunar.

La compasión y la admiración son similares a la gratitud, y también activan la cingulada anterior, además de la ínsula y el hipotálamo.[13] Como la ínsula refleja la sensación interna, su activación es probablemente una proyección de empatía: sentir lo que el otro siente. La actividad del hipotálamo es un síntoma de aumento de la excitación emocional. La gratitud que sentimos hacia otros probablemente tenga un efecto parecido en el cerebro.

Apreciación del humor

La apreciación es otra variante de la gratitud. Mientras que no ha habido muchos estudios sobre el efecto de la gratitud en el cerebro, se han llevado a cabo varios sobre la apreciación, específicamente sobre la apreciación del humor.

Científicamente, para entender un chiste hacen falta dos elementos. El primero es reconocer que algo tiene la intención de hacer gracia y el segundo es lo que realmente se entiende por «pillar el chiste» y apreciar el humor, que a menudo va acompañado por risa o por una sonrisa.

Al observar la actividad cerebral mientras los sujetos leen historietas cómicas, los científicos pueden distinguir el reconocimiento y la apreciación. Resulta que apreciar el humor activa la corteza orbitofrontal, así como la amígdala.[14] La activación de la amígdala pone de manifiesto que dicha activación no siempre es negativa: es importante tener un sistema límbico emocionalmente receptivo, pero para el bienestar es ideal tenerlo en equilibrio.

Otro estudio demostró que la apreciación del humor también activa el núcleo accumbens rico en dopamina, así como la región del tronco encefálico que produce la dopamina,[15] lo que explica lo agradable que resulta el humor. También activa áreas del cuerpo estriado dorsal, lo que sugiere que en la apreciación del humor hay algo habitual. Es algo que se puede practicar, algo en lo que se puede mejorar. Por lo menos, ahora tienes una razón científica para ver vídeos graciosos en YouTube.

LA PODEROSA ATRACCIÓN DE LA CULPA

Una vieja leyenda cheroqui habla de una batalla entre dos lobos. Un lobo representa la ira, los celos, la autocompasión, la tristeza, la culpa y el resentimiento. El otro representa la alegría, la paz, el amor, la esperanza, la bondad y la verdad. Hay una batalla librándose en nuestro interior. ¿Qué lobo gana? El que tú alimentes.

El orgullo, la culpa y la vergüenza son emociones egocéntricas, fruto de una valoración moral. Pero mientras que sentirte orgulloso de ti tiene relación con la gratitud, la culpa y la vergüenza son las dos caras de una misma moneda. Teniendo en cuenta el bien que nos hace la gratitud, ¿cómo es que en la depresión existe una atracción tan grande hacia la vergüenza y la culpa?

A pesar de sus diferencias, el orgullo, la vergüenza y la culpa activan circuitos neurales similares, entre ellos la corteza prefrontal dorsomedial, la amígdala, la ínsula y el núcleo accumbens.[16] Curiosamente, el orgullo es la más poderosa de estas emociones en lo referente a la activación de estas regiones, excepto en el núcleo accumbens, donde la culpa y la vergüenza causan una mayor activación. Esto explica por qué puede resultarnos tan atractivo echarnos la culpa y avergonzarnos de nosotros mismos: así activamos el centro de gratificación del cerebro. Lamentablemente, aunque el cerebro puede fomentar la culpa y la vergüenza, a la larga no son beneficiosas para nuestro bienestar. Lo mismo sucede con los alimentos: las barras de caramelo pueden activar el núcleo accumbens más que la fruta, pero a la larga no nos benefician. En lugar de con culpa y vergüenza, alimenta tu cerebro con gratitud, y esta te nutrirá con sus beneficios.

NO TE COMPARES CON LOS DEMÁS

Al intentar ser agradecido, podrías sentir la tentación de compararte con quienes son menos afortunados que tú. Es verdad que quizá tu coche no sea nuevo, pero algunos ni siquiera tienen coche. Esto podría parecerte gratitud, pero no lo es. Y los estudios demuestran que compararse con los menos afortunados no tiene los mismos beneficios que la gratitud.[17]

La gratitud es mostrar un verdadero aprecio por lo que tienes. No importa lo que tengan o dejen de tener los demás. La gratitud es poderosa porque disminuye la envidia y aumenta tu valoración de lo que ya tienes, lo cual mejora tu satisfacción vital.[18]

Respira hondo. Haz una inspiración larga y profunda por la nariz. Al final de la inspiración detente un momento para pensar: «Estoy agradecido por este aliento». Luego suéltalo lentamente.

Además, compararse con otros activa los circuitos responsables de la comparación social. Es verdad que en algunos casos podrías salir ganando, pero desde luego no en todos. La forma en que tu cerebro determina cómo piensan los demás es tomar lo que él está pensando y proyectarlo al exterior. Si haces muchas comparaciones sociales, es más probable que asumas que otros se comparan contigo, y eso puede hacerte sentir juzgado y excluido.

Por otro lado, mostrar gratitud, amabilidad y compasión hacia los demás activa los circuitos sociales más positivos. Y cuando sientes estas emociones hacia otros, es más probable que des por sentado que estos están sintiendo lo mismo por ti.

LA DIFERENCIA ENTRE PESCAR Y CAPTURAR

Una vez, mientras estaba en un campamento de *Boy Scouts*, vi a un veterano jefe de exploradores que iba hacia el lago con una caña y un sedal. Un par de horas más tarde, cuando regresaba, le pregunté qué tal había ido la pesca.

—Estupendamente —respondió.

—¿Cuántos peces capturaste? —le pregunté.

—Ninguno —me replicó y añadió—: Esto se llama «pescar», no «capturar».

No siempre se puede encontrar algo por lo que estar agradecido, pero solo porque no puedas encontrarlo no significa que sea inútil buscarlo. Lo más importante no es encontrar el sentimiento de gratitud, sino acordarse de buscarlo.

Recordar ser agradecido es una forma de inteligencia emocional. Un estudio descubrió que esto afectaba realmente a la densidad neuronal tanto en la corteza ventromedial como en la prefrontal lateral.[19] Estos cambios de densidad sugieren que a medida que aumenta la inteligencia emocional, las neuronas de estas áreas se vuelven más eficientes. Con una mayor inteligencia emocional, sencillamente se necesita menos esfuerzo para estar agradecido.

Con la gratitud, lo que activa el circuito suele ser la exploración, la búsqueda, la pesca de la gratitud. No puedes controlar lo que ves, pero sí lo que buscas. Ciertamente, encontrar algo por lo que estar agradecido es una ventaja adicional, pero no la única.

Capítulo

Confía en la fuerza de los demás

Hace unos cuantos años hablé con un estudiante universitario que sufría una grave depresión. Me contó que en los peores momentos de su enfermedad, no quería más que estar solo en su habitación de la residencia. Aunque aún podía estudiar, solo quería estar solo. Y estando solo, se sentía cada vez peor hasta que ni siquiera podía estudiar y se quedaba acostado en la cama sin hacer nada.

Afortunadamente, comenzó a reconocer este hábito. Se dio cuenta de que pese a que quería estar solo, no le convenía. A partir de ese momento, cuando se sentía inclinado a aislarse, se obligaba a sí mismo a bajar al salón y hacer allí su tarea rodeado de otros. No se obligaba a hablar con nadie, tan solo se aseguraba de estar con gente. Y eso fue suficiente para evitar que cayera aún más en una espiral descendente.

La depresión es una enfermedad que te aísla. Te hace sentir separado y solo, incluso estando alrededor de otros, y esto a menudo hace que la gente quiera aislarse físicamente. Pero ese deseo de soledad es solo un síntoma del cerebro depresivo y perpetúa la enfermedad, del mismo modo en que lo hace el deseo de no hacer ejercicio. Uno de los más importantes principios de la neurociencia que puedes aprender en este libro es que aunque tengas ganas de estar solo, la curación a la depresión suele hallarse en los demás.

Rodéate de gente. Es más probable caer en espirales descendentes cuando uno está solo. Si empiezas a sentir que tu estado de ánimo se hunde, trata de ir a algún lugar donde haya gente a tu alrededor, como una biblioteca o una cafetería. No es necesario que te relaciones con otros; el simple hecho de compartir el mismo espacio físico puede ayudarte.

Los seres humanos somos animales sociales: evolucionamos para sobrevivir unos con otros y nuestros cerebros se vuelven más saludables cuando nos relacionamos y nos sentimos conectados. Eso significa que cuando nos sentimos desconectados, las consecuencias pueden ser devastadoras. Afortunadamente, la investigación ha demostrado claramente que la interacción con los demás —y no solo con amigos y familiares sino también con desconocidos (e incluso con mascotas)— puede revertir el curso de la depresión. Las interacciones sociales cambian la actividad de numerosos circuitos cerebrales y sistemas de neurotransmisores. Hablar, el contacto físico o incluso el simple hecho de estar cerca de otros, puede disminuir el estrés, el dolor, la ansiedad y los síntomas depresivos, y aumentar la calma y la felicidad. Pronto llegaremos a lo bueno, pero primero veremos por qué suele ser difícil abrazar esta idea.

EL PROBLEMA CON LOS DEMÁS

La poeta Emily Dickinson escribió: «Sin la soledad se puede estar aún más sola». Se sabe que era muy introvertida y, sin embargo, tenía miedo a estar sola. Esta aparente paradoja es frecuente, porque quienes más anhelan la cercanía suelen ser los más sensibles al rechazo. Tengas o no depresión, los demás pueden ser con frecuencia una causa de estrés y ansiedad.

Nuestros cerebros están programados para que nos importe lo que la gente piensa de nosotros; es por eso por lo que sentirse juzgado o rechazado es tan angustiante. De hecho, como se ha demostrado en un experimento efectuado con resonancia magnética funcional, la exclusión social activa los mismos circuitos que el dolor físico.[1] En el experimento, los participantes fueron sometidos a una exploración mientras jugaban a un juego virtual en el que se lanzaban una pelota con otros dos jugadores. Se les dijo que los demás eran personas reales, pero en realidad estaban controlados por ordenador. Al principio los «otros jugadores» jugaban muy bien, compartiendo la pelota con el participante. Pero en un momento dado dejaron de compartir, solo se la lanzaban el uno al otro, ignorando al participante. Este pequeño cambio fue suficiente para provocar sentimientos de exclusión social y activó la cingulada y la ínsula anteriores, igual que el dolor físico. Evitamos la exclusión social por la misma razón por la que evitamos tocar una estufa caliente: ¡duele!

Reflexionando sobre el rechazo. A menudo experimentamos algo como rechazo cuando en realidad es solo un malentendido. Por ejemplo, a lo mejor le dejas un mensaje a un amigo, y él no te llama. Es fácil dar por hecho que su intención era herirte o que no le importas lo suficiente. Pero esas no son las únicas opciones. Es más probable que esté muy ocupado y se haya olvidado o que ni siquiera oyera nunca el mensaje. Pensar en otras posibilidades activa la corteza prefrontal medial, mejorando la regulación emocional del sistema límbico, y te ayuda a sentirte mejor. A veces puede ser útil pedirle a tu amigo que te aclare su intención. Además, reconoce que los sentimientos de rechazo se ven reforzados por el mal humor o la depresión. Así que, en realidad, la situación no es tan mala como te parece.

Curiosamente, las personas con baja autoestima tienen aún mayor activación de la cingulada anterior, lo que sugiere que sus cerebros son más sensibles al rechazo social.[2] Y en la depresión también, el cerebro tiende a tener mayor sensibilidad al rechazo social, lo que genera una respuesta de estrés más fuerte.[3] Ahora bien, la mayor sensibilidad al rechazo social no es inherentemente algo negativo. De hecho, a menudo es lo que crea la armonía del grupo, ya que hace que la gente quiera encajar. Sin embargo, como muchos rasgos mencionados en este libro, te pone en riesgo de caer en una espiral descendente.

Cuando otros tienen el poder de herirte, tiene sentido que quieras estar solo a veces. Es un mecanismo de adaptación perfectamente razonable y adecuado si se emplea con moderación. Pero por desgracia, como comer helado para hacer frente al estrés, puede hacerte sentir mejor momentáneamente, pero no resuelve el problema. Y en la depresión, el problema va aún mucho más allá.

LA DEPRESIÓN INTERRUMPE LA NEUROQUÍMICA DEL AMOR Y LA CONFIANZA

En el caso del amor y de las relaciones íntimas, hay una neuro-hormona que se lleva toda la fama. Se llama *oxitocina* y a menudo se la denomina la «hormona del amor». La oxitocina se libera durante las caricias ligeras y el sexo, cuando alguien te muestra que confía en ti, y a veces simplemente durante la conversación, lo que aumenta los sentimientos de confianza y apego por los demás. La oxitocina también disminuye los sentimientos de estrés, miedo y dolor.

Desafortunadamente, en la depresión, el sistema de oxitocina está desajustado. Algunos estudios sugieren que las personas con depresión tienen mayores niveles de oxitocina, y otros afirman que tienen menos. Aunque esto parezca paradójico, los niveles de oxitocina afectan a diferentes subtipos de depresión y son afectados por ellos,[4] lo que refleja la idea de que en cada individuo los circuitos neurales interactúan para crear un caso único de depresión. Así que aunque los estudios no sean exactamente claros, la forma más fácil de entenderlo es decir que todo el sistema de oxitocina se ha vuelto loco. El término biológico adecuado es *desregulado*. En la depresión, la oxitocina no siempre se libera cuando debería hacerlo, y a veces se libera cuando no debería.[5] Además, la respuesta del cerebro a esta hormona no siempre es acertada.

Aunque los estudios no sean claros con respecto a la función general de la oxitocina en la depresión, algunas investigaciones clarifican su papel en ámbitos más específicos. Por ejemplo, las personas con niveles más bajos de oxitocina son más propensas a pensar que la vida no merece la pena.[6] Y mucha gente que corre el riesgo de desarrollar una depresión, como quienes han sufrido maltrato infantil, tienen niveles más bajos de oxitocina.[7] La genética también desempeña una función. Ciertos genes que regulan el sistema de oxitocina pueden aumentar los niveles de depresión y ansiedad.[8] Además, las personas con depresión presentan más probabilidades de tener un gen particular para el receptor de oxitocina que causa una disminución de la confianza en las relaciones sociales y un aumento de la necesidad de aprobación.[9] Curiosamente, esta conexión entre los genes y las relaciones se vio solo en quienes sufrían depresión, no en los grupos de control saludables (que tenían los mismos genes, pero no depresión), lo que sugiere que no hay nada inherentemente malo en estos genes. Sin embargo, una vez que comienza una espiral descendente, la genética puede contribuir a ella.

Además, el placer que las personas deprimidas obtienen de las interacciones sociales está interrelacionado con los niveles de oxitocina.[10] Es decir, las personas deprimidas con niveles más bajos de oxitocina sienten menos placer con la aprobación y el apoyo social. Lamentablemente, esa es una espiral descendente potencial, porque si no encuentras gratificante la interacción social, es menos probable que socialices, lo que llevará a niveles aún más bajos de oxitocina.

Sin embargo, lo impresionante es que, de hecho, la oxitocina puede desempeñar un papel en la prevención de la depresión. Un estudio fascinante permitió a ratones recuperarse de una lesión pequeña, solos o en parejas.[11] Los que se recuperaban solos eran más propensos a desarrollar síntomas de depresión y a rendirse fácilmente en las tareas difíciles, mientras que los ratones con un compañero mostraron menos depresión y más fortaleza. Y los investigadores pudieron demostrar que los efectos antidepresivos en los ratones emparejados se debían al aumento de los niveles de oxitocina.

Así, en general, las alteraciones de la oxitocina y los circuitos frontales límbicos crean el potencial de una espiral descendente porque reducen la conexión. Afortunadamente, otras personas pueden ayudarte a mejorar tanto tu sistema de oxitocina como tus circuitos frontales límbicos para revertir el curso de la depresión.

LO QUE PUEDEN HACER LOS DEMÁS POR TI Y POR TU CEREBRO

Relacionarte con otros puede ayudarte a reducir el dolor, la ansiedad y el estrés y mejorar tu estado de ánimo. Estos beneficios se deben a subidas en la oxitocina y cambios en la comunicación frontal límbica. Aun cuando los demás no te ayuden a sentirte mejor de inmediato, relacionarte con ellos empuja al cerebro en la dirección correcta.

Reducen el dolor y el malestar

Nadie quiere introducir la mano en un balde de agua helada y dejarla ahí hasta que el dolor sea abrumador, pero eso es exactamente lo que se les pidió que hicieran a los participantes de un estudio.[12] Algunos tenían que sentarse solos, mientras que a otros se les permitió sentarse con un desconocido o incluso con un amigo. Los participantes que estaban solos experimentaron niveles mucho mayores de dolor, mientras que quienes tenían un amigo que les decía palabras de apoyo redujeron enormemente el dolor. Incluso tener simplemente al amigo sentado allí sin decir nada reducía el dolor. De hecho, incluso contar con el apoyo verbal de un completo desconocido o tenerlo sentado al lado sin hacer nada causó los mismos beneficios.

Este mismo efecto se observa en pacientes con dolor crónico. En un estudio, los pacientes que tenían a su pareja presente experimentaban el dolor de manera más leve.[13] Sorprendentemente, a veces incluso solo pensar en un ser querido es suficiente para reducir el dolor.[14] Más sorprendente todavía, lo mismo sucede al hablar con un desconocido.[15] El dolor es una sensación interna y se acentúa cuando te concentras en ella. Como hablar con otros activa los circuitos sociales prefrontales, puede ayudar a alejar del dolor el enfoque del cerebro.

Además, en situaciones dolorosas darle la mano a alguien puede servir para consolarte y consolar a tu cerebro. Un estudio realizado con resonancia magnética funcional exploró a unas mujeres casadas cuando se les advertía que iban a recibir una pequeña descarga eléctrica.[16] Mientras anticipaba las descargas dolorosas, el cerebro de las participantes mostraba un patrón predecible de respuesta en los circuitos de dolor y preocupación, con la activación de la ínsula, la cingulada anterior y la corteza prefrontal dorsolateral. Durante otra exploración, las mujeres sostenían las manos de sus maridos o la del experimentador. En este caso, la amenaza de descarga tenía un efecto menor. El cerebro mostraba una activación reducida tanto en la corteza cingulada anterior como en la corteza dorsolateral prefrontal, es decir, menos actividad en los circuitos del dolor y la preocupación. Además, cuanto más fuerte era la unión del matrimonio, menor era la actividad insular relacionada con la incomodidad. Pero incluso sostener la mano del experimentador (un desconocido) reducía la activación de la cingulada anterior, por lo que las mujeres se sentían menos angustiadas por las descargas.

Los amigos, la familia y los desconocidos mejoran tu estado de ánimo

La depresión te hace querer estar solo a menudo, pero la realidad es que pasar tiempo con amigos y parientes alivia un estado de ánimo depresivo.[17] Sorprendentemente, el apoyo de amigos y familiares mejora incluso los efectos de los medicamentos antidepresivos.[18] Las personas que tienen más apoyo social antes de empezar a tomar medicación es más probable que experimenten una reducción en sus síntomas y que se pongan totalmente bien. Además, el mismo estudio mostró que, a medida que mejoraban los síntomas, también mejoraba el apoyo social. Así que ser sociable te ayuda a mejorar y ponerte mejor te ayuda a ser más sociable: otra espiral ascendente.

Realiza una actividad con un amigo. A menudo cuando estás deprimido, no tienes ganas de hablar. Prueba una actividad en la que puedas hacer algo con alguien pero no sientas la obligación de hablar. Ve a ver una película o juega a un juego de mesa. No te sentirás obligado a hablar sobre tu depresión si no quieres, pero habrá oportunidades para abrirte si te apetece.

Incluso hablar con desconocidos puede ayudar. En un estudio realizado en Chicago se pagó a viajeros de autobuses y trenes de cercanías para mantener una conversación con un desconocido o simplemente quedarse sentado en silencio.[19] Los resultados mostraron que hablar con un desconocido mejoraba el estado de ánimo. De hecho, a pesar de que a la mayoría les preocupaba que hablar con un desconocido fuera desagradable, tras hacerlo, tuvieron un viaje más agradable. Así que trata de hablar con quien se sienta a tu lado en un avión o con quien hace cola contigo en Starbucks. Sí, puede que pensarlo te produzca inquietud, pero lo más probable es que la experiencia sea positiva.

El efecto de la interacción social en el estado de ánimo y la medicación se debe probablemente al hecho de que el sistema de oxitocina apoya al sistema de serotonina. Muchas neuronas productoras de serotonina tienen receptores para la oxitocina, por lo que cuando se libera oxitocina, aumenta la liberación de serotonina.[20] Así, la oxitocina ayuda a proporcionar los beneficios de la serotonina que he expuesto en capítulos anteriores.

Aliviar el estrés y la ansiedad

Relacionarte con amigos también te ayuda a reducir el estrés y la ansiedad. Un estudio examinó los niveles de estrés de los participantes antes de hablar en público. A algunos se les permitió salir antes con un amigo y a otros no. Los resultados mostraron que hablar con un amigo reduce los niveles de hormonas de estrés y los sentimientos de ansiedad y aumenta los sentimientos de calma.[21] Casi siempre es más fácil lidiar con las situaciones estresantes en presencia de alguien que nos apoya.

Estos efectos son causados probablemente por cambios en la amígdala y el hipocampo. Cuando la amígdala se vuelve excesivamente reactiva, la respuesta al estrés se dispara a la menor provocación, como un pistolero nervioso con el dedo en el gatillo. Por suerte, la oxitocina reduce la crispación de la amígdala.[22] La oxitocina también aumenta la comunicación entre la amígdala, la corteza prefrontal y la cingulada anterior.[23] Disminuir la reactividad y fortalecer el circuito frontal límbico de la amígdala te ayuda a regular tus emociones para que no se descontrolen por completo.

Además, sabemos que el estrés es malo para el hipocampo y en realidad puede hacer que pierda neuronas. Afortunadamente, la oxitocina ayuda a proteger el cerebro contra los efectos nocivos del estrés. Y, lo mismo que el ejercicio y la medicación antidepresiva, la oxitocina favorece el crecimiento de nuevas neuronas en el hipocampo,[24] incluso en momentos de estrés. Así que durante los momentos estresantes puedes utilizar oxitocina para mantener tu cerebro sano, y ahora mismo vamos a aprender exactamente cómo se hace.

El apoyo social contrarresta el rechazo social

El apoyo social viene en muchas formas: incluso los mensajes de texto, los comentarios de Facebook y los correos electrónicos pueden ayudarnos a contrarrestar sentimientos de rechazo social. En un estudio que utiliza el mismo juego virtual de lanzamiento de bolas descrito anteriormente, los participantes (después de sentirse socialmente excluidos del juego) recibieron mensajes de apoyo emocional de los experimentadores.[25] Ese apoyo emocional redujo la actividad insular relacionada con el malestar e incrementó la actividad de las áreas prefrontales laterales e intermedias. Estos resultados sugieren que el apoyo emocional realza la actividad prefrontal, que puede debilitar la respuesta del sistema límbico. Así que incluso si te sientes como si el mundo entero estuviera contra ti, tener una sola persona al lado puede suponer una gran diferencia.

Sé agradecido. ¿Recuerdas que la gratitud puede mejorar la sensación de apoyo social (capítulo diez)? Una vez por semana, anota aquello por lo que estás agradecido. Esta simple acción es suficiente para ayudarte a sentirte más conectado con los demás.

Ayúdate ayudando a otros

Además de amigos y familiares, hacerte voluntario para ayudar a otros también mejora los síntomas de la depresión y aumenta las emociones positivas.[26] Así que ayudar a los demás puede ser una gran manera de ayudarse a uno mismo. Una razón para ello es la activación de los circuitos de empatía del cerebro. La empatía requiere una implicación prefrontal medial y por lo tanto puede afectar positivamente a la comunicación frontal límbica. Curiosamente el efecto es más pronunciado en los adultos mayores. Así que si estás acercándote a la edad de la jubilación (o la has dejado bastante atrás), el voluntariado puede tener un gran impacto en tu depresión.

Es importante señalar que si te cuesta ser feliz, quizá te sea más fácil absorber sentimientos de felicidad de otros que generarlos por ti mismo. Los niveles de felicidad son contagiosos; pueden propagarse a través de una red social como el resfriado común.[27] Tras examinar a más de cuatro mil personas durante veinte años, investigadores de la Universidad de Harvard descubrieron que si tienes un amigo que vive cerca de ti que encuentra la felicidad, tus probabilidades de ser feliz aumentan en un veinticinco por ciento. Y si es tu vecino el que es feliz, el efecto es del treinta y cuatro por ciento.

Disfrute, adicción y oxitocina

Estar cerca de otros y desarrollar buenas relaciones te hace sentir bien por una razón, y esa razón es la dopamina. Así que no tiene nada de extraño que la dopamina y la oxitocina interactúen entre sí. Las neuronas de dopamina se conectan a la parte del hipotálamo donde se produce la oxitocina,[28] y la oxitocina estimula el área del tronco encefálico donde se produce la dopamina. Además, el núcleo accumbens, rico en dopamina, recibe aportes de las neuronas de oxitocina. Lamentablemente, cuando la oxitocina no está funcionando bien, sus propias interacciones con la dopamina se alteran, y por lo tanto las relaciones sociales no siempre son tan agradables. Pero teniendo en cuenta sus beneficios, incluso si relacionarte con otros no siempre te proporciona una sensación extraordinaria, sigue siendo fundamental hacerlo habitualmente.

La interacción de la oxitocina y la dopamina también ayuda a explicar uno de los problemas de la adicción. Con el tiempo, las drogas adictivas, como la cocaína, reducen drásticamente los niveles de oxitocina en varias áreas clave, entre ellas el hipocampo, el hipotálamo y el núcleo accumbens.[29] Estas reducciones explican por qué la adicción interfiere a la hora de formar y mantener relaciones cercanas y saludables. De hecho, la oxitocina puede ayudar a reducir la adicción, ya que reduce la respuesta del núcleo accumbens a las drogas adictivas,[30] es decir, las hace menos adictivas. También puede reducir el consumo de alcohol.[31]

ACTIVACIÓN DE LOS CIRCUITOS SOCIALES

Hay muchas maneras de aumentar la oxitocina o, en general, de activar los circuitos cerebrales que participan en la sociabilidad.

Suelen consistir en varias formas de tocar, como abrazos, apretones de mano y masajes. Hablar con otros (y a veces simplemente estar cerca de ellos) también activa el cerebro social y puede liberar oxitocina. Incluso las mascotas pueden ayudarnos a liberar oxitocina.

Abrazos y apretones de mano

Una de las principales maneras de segregar oxitocina es a través del tacto.[32] Obviamente, no siempre es apropiado tocar a todo el mundo, pero las pequeñas muestras de contacto físico como los apretones de mano y las palmaditas en la espalda suelen ser adecuadas. Esfuérzate por tocar más a menudo a aquellos con quienes tienes una relación cercana. Los abrazos, especialmente los largos, son particularmente buenos para liberar oxitocina (y también lo son los orgasmos).

Enciende la calefacción. Sentir calor puede estimular la oxitocina, o al menos imitar sus efectos, y aumentar los sentimientos de confianza y generosidad.[33] Así que, si no puedes conseguir un abrazo, trate de envolverte a ti mismo en una manta mientras sostienes una taza de té caliente. Tomar una ducha caliente también puede ayudar.

Masaje

El masaje reduce el dolor porque el sistema de oxitocina activa las endorfinas analgésicas.[34] También mejora el sueño y reduce la fatiga[35] aumentando la serotonina y la dopamina y disminuyendo la hormona del estrés, el cortisol.[36] Así que si estás en baja forma, recibe un masaje. Activarás deliberadamente los sistemas de neurotransmisores que se esfuerzan por hacerte más feliz.

Relacionarte con los amigos

Los individuos que se relacionan habitualmente con un amigo, familiar o compañero de trabajo que los apoye son más resilientes ante el estrés.[37] El estudio que demostró esto también demostró que la disminución del estrés está ligada a la disminución de la actividad de la cingulada anterior dorsal, lo que sugiere que esta estaba menos centrada en lo negativo.

Hablar con amigos te ayuda a reducir el estrés, aumentando probablemente la oxitocina.[38] Sin embargo, mientras para algunos las conversaciones son relajantes, para otros hablar con alguien requiere un mayor procesamiento prefrontal medial y puede resultarles fatigoso.[39] Cuanto más afables son las personas, menos esfuerzo prefrontal necesitan. Así que, si hablar con la gente te supone un esfuerzo, trata de ser más agradable o comprensivo, y menos discutidor o crítico.

> **Habla con la gente que te importa.** Eso no significa acosarlos por Facebook. Envíales un correo electrónico. Llámalos. O mejor todavía, date un paseo o tómate un café con ellos: pásalo bien.

Para reducir el estrés, no todas las formas de «hablar» son iguales. Un estudio llevó a niñas de ocho a doce años a un laboratorio y les pidió que contestaran en público preguntas difíciles del examen de admisión.[40] Ni que decir tiene que fue un poco estresante. Después las niñas fueron distribuidas en cuatro grupos. A los tres primeros grupos se les permitió recibir la visita de sus madres, hablarles por teléfono o comunicarse con ellas mediante mensajes de texto; al cuarto grupo no se le permitió ningún contacto en absoluto. En las niñas a las que se les permitió recibir la visita de sus madres o hablar con ellas los niveles de cortisol habían bajado y los de oxitocina habían subido. En cambio, aquellas a las que no se les permitió ningún contacto tenían niveles elevados de cortisol y niveles bajos de oxitocina. Curiosamente, el grupo de mensajes de texto tuvo niveles de cortisol y oxitocina similares al grupo que no tenía contacto. Por lo tanto, hay algo reconfortante en el habla verbal que no siempre se recoge en un mensaje de texto.

Apoya a un equipo deportivo. Una de las formas más poderosas de combatir la depresión es el sentimiento de pertenencia. Ganar es divertido, aunque solo seas un espectador. Animar a un equipo ganador en un deporte aumenta la testosterona,[41] lo que mejora la energía y el impulso sexual. Un equipo deportivo también proporciona una comunidad, por lo que aunque pierdas, te queda la camaradería, y siempre hay la esperanza de que tu equipo gane la próxima vez.

A veces, incluso solo pensar en la gente puede ser útil. En un estudio holandés, se les pidió a los participantes que pensaran en alguien con quien tuvieran una relación de cercanía, alguien a quien acudirían si tuvieran un problema.[42] Se les pidió que imaginaran que esa persona estaba con ellos apoyándolos, y luego se los sometió a un experimento destinado a crear sentimientos de exclusión social. Pensar en un amigo cercano reducía la reactividad del hipotálamo, la región responsable de la respuesta al estrés. Además, los sentimientos de conexión fortalecían la actividad en la corteza prefrontal medial y dorsolateral, lo que les proporcionaba un mayor sentido de control sobre la vida y las emociones.

El mejor amigo del hombre

Los miembros de las fuerzas armadas que regresan de Irak y Afganistán tienen cinco veces más probabilidades de sufrir depresión que la media de la población civil. Pero entregarles un perro puede ayudarles extraordinariamente, y puede ayudar asimismo a la población civil. Varios estudios han demostrado que las mascotas reducen la depresión; cambian tu enfoque, tus hábitos y tu retroalimentación biológica, y además estimulan la oxitocina y otros neurotransmisores.

Sacar a pasear un perro también puede ser beneficioso. En un estudio, unos investigadores japoneses conectaron a los participantes a una máquina portátil de electrocardiograma para poder monitorizar la variabilidad de su ritmo cardíaco mientras paseaban con un perro.[43] Recuerda que la variabilidad del ritmo cardíaco es menor en la depresión y que su aumento puede ayudar a mejorar la depresión mediante la retroalimentación biológica (ver el capítulo nueve). El estudio demostró que cuando a los participantes se les entregó un perro para que lo sacaran a pasear, la variabilidad de su ritmo cardíaco aumentaba significativamente. Además, la variabilidad del ritmo cardíaco de quienes habían sacado a pasear un perro permanecía elevada incluso después cuando estaban sentados en casa.

Otro estudio japonés reveló que jugar con un perro con el que tienes un vínculo fuerte (un perro que es más probable que te mire a los ojos) puede incrementar tus niveles de oxitocina.[44] Esto sugiere que tener a alguien que cuente con tu apoyo o que confíe en ti puede incrementar la oxitocina. Simplemente acariciar a un perro también puede iniciar una espiral ascendente. Acariciar, al igual que otras formas ligeras de contacto físico, estimula la oxitocina. Y acariciar a un perro, incluso al perro de otro, también aumenta la dopamina y las endorfinas.[45] Los incrementos en otros neurotransmisores proporcionan aún más impulso para una espiral ascendente.

Uno de los componentes importantes del efecto antidepresivo de las mascotas no tiene por qué venir siempre de caminar o jugar, sino sencillamente de ser responsable de otra criatura viviente. Un estudio demostró que cuando los ancianos que viven en una residencia para mayores tenían un canario al que cuidar, sus niveles de depresión eran más bajos.[46] Cuando tienes responsabilidad por algo, esto te ayuda a mantenerte centrado e influye en tus hábitos.

Por último, las mascotas no solo aumentan la oxitocina directamente sino que también promueven relaciones sociales con otras personas. Esto se denomina «efecto de catalizador social»: sacar a pasear un perro aumenta las probabilidades de que un desconocido te sonría o incluso inicie una conversación contigo.[47] Así que las mascotas pueden aumentar las interacciones positivas con otros, creando una espiral socializadora que combatirá los sentimientos de soledad y aislamiento.

CUESTIONES A LAS QUE HAY QUE PRESTAR ATENCIÓN

Crear una espiral ascendente con oxitocina no es siempre fácil, pero conocer los posibles obstáculos con los que podrías tropezar puede prepararte mejor para lidiar con ellos.

La oxitocina y las hormonas sexuales

Las neuronas de oxitocina son sensibles a los niveles de hormonas sexuales rápidamente cambiantes, como el estrógeno o la testosterona.[48] Cuando los niveles de hormona sexual suben o bajan, las neuronas de oxitocina pueden dejar de funcionar adecuadamente. Como estas hormonas cambian radicalmente tras el embarazo y durante la adolescencia, los cambios relacionados en la oxitocina pueden contribuir a la depresión posparto, así como a la depresión en adolescentes. Los niveles de hormonas sexuales también pueden verse afectados por el estatus social: perder el trabajo puede tener un impacto hormonal negativo. Por último, las hormonas sexuales también cambian al principio de las relaciones y cuando estas se acaban. Con suerte, ser consciente de la sensibilidad del sistema de oxitocina puede ayudarte a tener más iniciativa en la prevención de una espiral descendente. Utiliza las sugerencias de este capítulo, como el ejercicio y los abrazos. Acuérdate de salir con amigos o incluso pedirles que te llamen de vez en cuando para ver cómo estás. Acostúmbrate a llamar a tu familia una vez a la semana.

Si la ansiedad empieza a acumularse en ti, practica las técnicas de atención plena que vimos en el capítulo dos. Por último, incluso el simple hecho de ser consciente de que tus emociones pueden ser exageradas por la fluctuación de la oxitocina puede ayudarte a controlar tu estado.

La oxitocina no siempre es la solución

Lamentablemente, la oxitocina no cura todos los problemas de golpe, y conseguir beneficios con ella puede requerir un esfuerzo. La oxitocina aumenta los sentimientos de unión, pero eso no siempre disminuye el estrés. El estrés aumenta cuando las cosas están fuera de control, y cuando alguien te importa mucho, con frecuencia puedes sentir que la vida se te ha ido de las manos (aquí pueden serte útiles los consejos del capítulo dos). Además de eso, preocuparte por alguien puede aumentar la reactividad de la ínsula: la angustia de un ser querido te afecta más visceralmente.[49] Es estupendo sentir empatía, pero a veces la sensación de ver sufrir a quienes te importan puede ser abrumadora.

Para seguir con noticias no excesivamente optimistas: resulta que si no tuviste una buena relación con tus padres, te costará aprovechar los efectos positivos de la oxitocina. Un estudio reciente examinó la respuesta de las mujeres participantes en él al escuchar a un bebé llorar. Estas mujeres recibieron grandes bocanadas de oxitocina mientras se les pedía que agarraran una barra.[50] Aquellas que no habían sufrido una dura disciplina de niñas relajaron la presión de su agarre al oír el llanto del bebé, seguramente como preparación para consolarlo de manera cariñosa. Sin embargo, las que habían sido sometidas a una disciplina dura de niñas, no relajaron la presión. De modo que, si durante la infancia te castigaban duramente, la oxitocina no crea de forma automática las condiciones para desarrollar interacciones cálidas y gentiles.

Además, la oxitocina mejora tus sentimientos sobre las relaciones cercanas basándose en la relación que tenías con tus padres. Por ejemplo, en un estudio reciente los investigadores dieron a los hombres una pequeña bocanada de oxitocina en aerosol y les pidieron que pensaran en sus madres.[51] Tras la oxitocina, los hombres que tenían una relación positiva con sus madres recordaron esa relación como aún más positiva. Pero para aquellos que tenían relaciones difíciles con sus madres, al acordarse de ellas las vieron todavía peores. Así que si tuviste una relación difícil con tus padres, tu cerebro puede tender a reaccionar a las relaciones cercanas de manera negativa.

Eso podría parecer una injusticia, porque no puedes cambiar tu niñez, pero afortunadamente son posibles los cambios a largo plazo en el sistema de oxitocina. Las neuronas de oxitocina sufren cambios estructurales al ser estimuladas. Con estimulación regular, los cambios pueden durar meses[52] y llevar a alteraciones a largo plazo en sus patrones de descarga.[53] Cualquier cosa que hagas para estimular la oxitocina puede ayudarte a mejorar todo el sistema. El cerebro opera en gran medida bajo el principio de que lo que no se usa se atrofia, y la oxitocina no es diferente: se puede ejercitar y fortalecer al igual que el sistema cardiovascular.

Puede que ponerte en contacto con otros te dé algo de miedo al principio, por lo que un terapeuta podría ayudarte (ver el capítulo doce), lo mismo que tener un entrenador personal puede ser útil cuando empieza uno a hacer ejercicio. Solo recuerda que, tanto si la oxitocina te hace sentir bien de inmediato como si no, esto cambia la actividad química y eléctrica de tu cerebro. Encuentra una comunidad en la que te sientas acogido: una iglesia, un equipo o un grupo que se dedique a alguna actividad. Sigue buscando relacionarte con los demás y sé paciente contigo mismo, déjale a tu cerebro tiempo para reprogramarse.

Terapia cerebral

Cuando necesitas remodelar tu cocina, llamas a una empresa de reformas. Si tu coche necesita una transmisión nueva, acudes a un mecánico. Para casi cualquier trabajo especializado, hay un profesional que puede ayudar. Quizá uno no sea siempre necesario, pero los profesionales suelen hacer el trabajo mejor y más rápido. Sin embargo, muchas personas con depresión no quieren buscar ayuda profesional.

Aunque la mayor parte de este libro ha tratado acerca de cómo ayudarse a uno mismo, no quiero minimizar el poder de la ayuda profesional. Los psiquiatras y los psicólogos son otra parte de la espiral ascendente. Son una herramienta adicional para ayudarte a modificar tus circuitos cerebrales y ser feliz, aumentar tu concentración y reducir el estrés, la ansiedad y la depresión. Y pueden ser más que una simple herramienta. También pueden ser entrenadores, ayudarte a que te ayudes a ti mismo y proporcionarte todavía más herramientas útiles para que mejores.

Además de la psicoterapia, la ciencia moderna ha desarrollado numerosos métodos para estimular el cerebro y revertir el curso de la depresión. Los medicamentos antidepresivos son un gran comienzo, pero también existen otros tratamientos útiles. Dejar que los médicos y los profesionales de la salud mental hagan su trabajo puede ayudarte en tus esfuerzos por reconfigurar tu cerebro.

LA AYUDA PROFESIONAL SIRVE

Hay muchos tratamientos eficaces para la depresión que pueden obrar maravillas. El problema es que no todos son totalmente eficaces para todo el mundo. Si cien personas deprimidas toman medicamentos durante unos cuantos meses, unas treinta se pondrán completamente bien.[1] Esa proporción de curaciones no es extraordinaria, pero aun así son treinta individuos que superaron la depresión con solo tomar una pastilla. Otras veinte mejorarán sustancialmente, pero seguirán estando un poco deprimidas. Desafortunadamente, el resto solo obtendrá una pequeña mejoría o se quedará igual. Pero si estos últimos prueban una nueva medicación, otros quince se pondrán mejor. Con una tercera medicación, mejorarán unos cuantos más.

Solo con la psicoterapia, las cifras son aproximadamente las mismas que para la primera ronda de medicación, con lo que aproximadamente la mitad de los sujetos supera la depresión o mejora sustancialmente. Y si combinas medicación con psicoterapia, las posibilidades de recuperarse casi se duplican.[2]

Sí, puede ser frustrante no saber si un tratamiento específico va a funcionar. Sin embargo, como todo lo demás en este libro, casi siempre se desconoce la medida en que un determinado cambio de vida puede ayudar. A algunos, un poco de ejercicio puede ayudarles enormemente. Para otros, el simple hecho de cambiar los patrones de sueño puede obrar maravillas. Unos necesitan Prozac, otros Wellbutrin. Todo depende del ajuste único de tus circuitos neurales. Realmente no puedes saber qué tipo de cerebro tienes hasta que le das una oportunidad.

Un inconveniente de estos tratamientos es que a veces pueden tardar unas cuantas semanas en comenzar a hacer efecto. Cuando la cura no se produce de inmediato, la gente suele abandonar, sobre todo en el caso de la medicación. Pero esa no es una buena estrategia. No puedes ir al gimnasio durante una semana y sacar la conclusión de que «el ejercicio no me ayuda». Ponerse en forma puede llevar unos meses. Lo mismo ocurre con los tratamientos para la depresión. En uno de los mayores estudios realizados jamás, la mitad de los participantes que mejoraron por completo tardaron más de seis semanas en hacerlo. Muchos necesitaron aún más tiempo, pero aun así mejoraron.[3] De manera que ten paciencia con tu tratamiento. Incluso si al principio no te funciona, podría empezar a hacer efecto más tarde. Lo único de lo que puedes estar seguro es de que aunque no te sientas mejor, la medicación está teniendo efectos positivos en tu cerebro. Sentirse mejor es simplemente una combinación de encontrar los cambios vitales adecuados para ti para que puedas efectuar los cambios cerebrales apropiados. Cada cerebro es diferente, y la depresión también varía de unas personas a otras, por lo que el tratamiento suele ser una exploración.

CÓMO CAMBIA TU CEREBRO LA PSICOTERAPIA

¿En qué medida puede realmente cambiar tu cerebro el hecho de hablar con alguien? Enormemente. En el capítulo anterior expuse los beneficios del apoyo de los amigos y los seres queridos, pero hablar con un profesional puede tener sus propios beneficios. Eso no quiere decir que un terapeuta sea un sustituto de amigos y familiares, sino que los terapeutas contribuyen de una manera única.

La psicoterapia reduce la reactividad límbica

Como he explicado desde el principio de este libro, la depresión es una disfunción de la comunicación frontal límbica, y la psicoterapia es un tratamiento estupendo porque normaliza la actividad límbica.

En un estudio alemán, los participantes, con depresión, fueron sometidos a un largo proceso de psicoanálisis, una forma de psicoterapia freudiana que se centra en los símbolos y en los orígenes infantiles de los problemas actuales.[4] Al principio y, después, tras un año de psicoanálisis, se sometió a los pacientes a unas pruebas de resonancia magnética funcional, durante las cuales se les mostraron imágenes que despertaron sentimientos de aislamiento o dificultad para conectar con los demás. Antes de la terapia, en comparación con el grupo de control, el grupo deprimido tenía una elevada actividad de la corteza prefrontal medial, lo que indicaba un excesivo procesamiento emocional y egocéntrico de las imágenes. Tras la terapia, la actividad prefrontal medial bajó a los niveles del grupo de control saludable. Además, el sistema límbico volvió a estar bajo control, con reactividad reducida de la amígdala, el hipocampo y la cingulada anterior ventral. Así que la psicoterapia logró eliminar el patrón de actividad deprimido.

Acude a un profesional. Concierta una cita con un psiquiatra, psicólogo o terapeuta. Se ha formado durante años para ayudar a gente como tú. Quizá dudes que un profesional pueda ayudarte; pero como en casi todos los demás aspectos de la espiral ascendente, aunque no puedas estar seguro de que cualquier solución funcione definitivamente, de lo que sí puedes tener la certeza es de que, si no lo intentas, seguramente nada cambiará.

Un estudio de la Universidad Duke trató la depresión durante seis meses con terapia cognitivo-conductual, una forma de terapia que intenta cambiar los pensamientos y comportamientos disfuncionales. Los participantes también pasaron por una exploración con resonancia magnética funcional antes y después del tratamiento.[5] La prueba antes del tratamiento demostró que las personas con depresión tenían sistemas límbicos que no discriminaban bien entre información emocional y neutra; el cerebro deprimido trataba por igual toda la información, independientemente de que fuera emocional o no. Como puedes recordar del capítulo tres, este tipo de respuesta proviene de un sistema límbico hiperactivo y puede contribuir a una espiral descendente. Tras el tratamiento, el cerebro comenzó a separar su respuesta a la información emocional y a la no emocional, mostrando una discriminación más adecuada en áreas límbicas clave como la amígdala y el hipocampo. Así se restauró el equilibrio en la comunicación frontal límbica.

La psicoterapia aumenta el gozo del cerebro

En la depresión, es normal que las actividades no nos parezcan tan divertidas o gratificantes como lo fueron en su día.

Afortunadamente, es posible cambiar esto con la *terapia de activación conductual para la depresión* (TACD), que consiste en realizar aquellas actividades que seguramente te resulten entretenidas, significativas o útiles y disminuir los comportamientos que te arrastran a espirales descendentes. Por ejemplo, la «postergación productiva» de la que te hablé en el capítulo ocho es una aplicación de la TACD. También incluye forzarte a ti mismo a hacer de manera habitual pequeñas tareas útiles, como ducharte cada mañana o hacer la cama todos los días (para más consejos útiles, consulta la página www.flylady.net, en inglés). Aunque no les veas sentido, ni disfrutes haciéndolas, aun así estarás alcanzando pequeñas metas y obteniendo los beneficios neurológicos que se derivan de estas.

En un estudio realizado en Carolina del Norte, los sujetos deprimidos pasaron un par de meses de TACD y luego jugaron a un juego de azar mientras se los sometía a una prueba de resonancia magnética funcional.[6] El estudio descubrió que la terapia incrementaba la respuesta del cerebro a la gratificación, en particular en la corteza orbitofrontal, que es la responsable de la motivación. De manera que si te falta motivación o tus aficiones habituales ya no te resultan divertidas, la TACD puede ayudarte.

Haz lo que solías disfrutar. Puede ser estresante no disfrutar ya de las aficiones o actividades, pero esto puedes superarlo con tu propia forma de TACD. Haz una lista de actividades que solías disfrutar (jugar al tenis, ir al cine con amigos, etcétera). Reconoce que no disfrutar es solo una situación temporal, y sigue haciendo lo que antes disfrutabas, aunque ya no parezca tan divertido.

Es importante resaltar que la TACD también incrementa la actividad del cuerpo estriado dorsal, que nos empuja a las actividades divertidas y los buenos hábitos. Otros tratamientos, como la psicoterapia interpersonal y la medicación, también fortalecen el cuerpo estriado dorsal,[7] de manera que hay muchas formas de recuperar el disfrute de las actividades.

La psicoterapia reduce la actividad prefrontal ansiosa

En un estudio sobre los efectos de la psicoterapia en el cerebro deprimido, investigadores canadienses compararon la terapia cognitiva conductiva y los antidepresivos.[8] La terapia consistía en la técnica del *mindfulness* y en la activación conductiva. El estudio descubrió que la terapia cognitiva conductiva incrementaba la actividad del hipocampo y disminuía la actividad prefrontal. La desactivación prefrontal probablemente estaba relacionada con la activación reducida de los circuitos de preocupación. Es más, estos cambios eran diferentes de aquellos provocados por la medicación. Esto sugiere que la psicoterapia y la medicación abordan la depresión por distintos frentes.

En otro estudio canadiense, los investigadores examinaron a los pacientes con niveles moderados de ansiedad y depresión que estaban inscritos en un programa de reducción de estrés basado en el *mindfulness*.[9] El entrenamiento de *mindfulness* no es en sí psicoterapia, pero incluye muchas técnicas de terapia cognitiva conductiva, así que se superponen conocimientos de ambas estrategias. Se enseñó a los sujetos a cultivar un modo de aceptación de sus sentimientos. A menudo no queremos sentir nuestras emociones negativas, así que las apartamos. Desafortunadamente, eso no soluciona nada; solo nos deja más frustrados. La aceptación, por otro lado, enseña que lo que sientes es simplemente cómo te sientes. No es ni bueno ni malo. Sencillamente es. Y lo curioso es que cuando las emociones negativas te superan, aceptarlas suele hacer que se desvanezcan, como el rocío del amanecer con el calor de los rayos del sol.

Después de que los sujetos aprendieran las técnicas del *mindfulness* en una serie de clases, se les mostraron imágenes tristes de películas. Asombrosamente, la respuesta de sus cerebros a la tristeza había cambiado, acompañada por reducciones significativas en su depresión, ansiedad y síntomas físicos. El entrenamiento de *mindfulness* redujo la desactivación habitual de su ínsula y su corteza prefrontal lateral para mantener el mismo nivel de funcionamiento, a pesar de sentir tristeza. Por último, la atención incrementó su actividad en la cingulada anterior ventral, el área que se correlaciona con un aumento del optimismo. Estos cambios sutiles de la actividad cerebral enfatizaron el intrincado patrón que mantiene al cerebro estancado en la depresión y cómo la espiral ascendente consiste en interrumpir ese patrón.

La psicoterapia fortalece la serotonina

En un estudio finlandés, la psicoterapia para la depresión incrementó el número de receptores de serotonina en la mayor parte de la corteza prefrontal.[10] Esto es lógico, ya que la serotonina prefrontal ayuda a regular mejor las emociones y los impulsos. Varias partes del circuito de la atención, entre ellas la cingulada anterior, también mostraron aumentos.

No obstante, recuerda que la psicoterapia funciona de forma diferente en el cerebro de cada uno. La mayoría de la gente que obtiene una mejoría con la psicoterapia tiene aumentos significativos de la cantidad de moléculas transportadoras de serotonina,[11] pero otros mejoran sin que se produzca ningún cambio en los transportadores de serotonina. De manera que la psicoterapia funciona por medio de diferentes mecanismos en cada individuo.

La psicoterapia funciona de otro modo que la medicación

La psicoterapia no solo funciona de manera distinta en cada persona, también actúa en circuitos diferentes a los empleados por la medicación. El estudio finlandés mencionado anteriormente descubrió que mientras la psicoterapia causaba numerosos cambios en los receptores de serotonina, la medicación no tenía ese efecto.[12] Los participantes medicados seguían obteniendo mejoras similares en su depresión; sencillamente no tenían cambios parecidos en los receptores de serotonina. Otros estudios demuestran que la psicoterapia causa cambios en la actividad límbica que la medicación no provoca.[13] Estos resultados sugieren que la psicoterapia y la medicación funcionan de forma diferente para curar la depresión. Así que si una no funciona, tal vez la otra sí (y, de hecho, la combinación de psicoterapia y medicación suele ser beneficiosa).

CÓMO CAMBIAN EL CEREBRO LOS MEDICAMENTOS ANTIDEPRESIVOS

Una de las formas más sencillas de iniciar una espiral ascendente es tomar medicación antidepresiva, porque puede tener efectos de amplio alcance en el cerebro.

Cómo funcionan

Cada medicamento tiene un mecanismo de acción ligeramente diferente, pero casi todos funcionan afectando en diferente medida a la serotonina, la norepinefrina y los sistemas de dopamina. Uno de los tipos más comunes de medicamentos antidepresivos son los *inhibidores de recaptación de serotonina*. Entre ellos figuran los medicamentos Lexapro, Prozac, Paxil, Celexa y Zoloft. Se unen al *transportador de serotonina*, una molécula que es responsable de extraer la serotonina de la sinapsis. Normalmente, la serotonina se lanza a chorro dentro de la sinapsis, donde puede activar las neuronas vecinas, y el transportador de serotonina rápidamente la despeja. Pero cuando bloqueas el transportador de serotonina, esta permanece en la sinapsis más tiempo y puede tener un efecto más fuerte.

Otros fármacos, como Cymbalta y Pristiq, funcionan de una manera más general, actuando sobre los sistemas de serotonina y norepinefrina. Y Wellbutrin actúa sobre una combinación de los sistemas de norepinefrina y dopamina.

Con frecuencia descubrir exactamente qué medicación nos viene mejor es algo que se aprende a fuerza de equivocarse, porque no conocemos con precisión nuestra composición neuroquímica particular. Por eso, podríamos tener que probar unos cuantos medicamentos antes de encontrar el que funciona mejor en nuestro caso y carece de efectos secundarios desagradables.

Sus efectos sobre el cerebro

Aparte del efecto inmediato de bloquear los transportadores, los antidepresivos causan cambios a largo plazo en el cerebro que afectan a la actividad en numerosas áreas frontales y límbicas, como la ínsula, el hipocampo, la amígdala, la cingulada anterior y la corteza prefrontal dorsolateral. Además, hacen que se generen nuevas neuronas y afectan a numerosos sistemas de neurotransmisores, especialmente a la dopamina y la serotonina.

Los antidepresivos reducen la reactividad en varias áreas límbicas. En la amígdala, disminuyen la reactividad a las expresiones faciales emocionales,[14] incluso cuando no eres consciente de las emociones a las que estás reaccionando. En la ínsula, reducen la actividad durante tiempos de incertidumbre.[15] Como puedes recordar del capítulo dos, la incertidumbre aumenta la preocupación y la ansiedad, incluso si estás anticipando resultados positivos. Los antidepresivos también disminuyen la actividad de la cingulada anterior, sobre todo en previsión de eventos negativos, lo que de nuevo reduce la ansiedad.

Del mismo modo, los antidepresivos reducen la respuesta de la cingulada anterior al dolor,[16] lo que significa que el dolor atrae menos la atención de esta. Estar libre de esa distracción libera al cerebro para permitirle centrarse en aspectos más positivos de la vida.

Además, los antidepresivos ayudan a restaurar la adecuada comunicación frontal límbica. A menudo en la depresión, las emociones te distraen y te impiden concentrarte y pensar con claridad, pero los antidepresivos solucionan este problema: aumentan la actividad prefrontal dorsolateral mientras tratas de concentrarte y disminuyen la reactividad de la amígdala, que te impide concentrarte.[17]

Tienen muchos efectos neuroquímicos

Y luego está la neuroquímica del cerebro. Los antidepresivos ayudan al cerebro a generar menos receptores de serotonina, lo que modifica el sistema de serotonina de forma más permanente. Puede que tener menos receptores de serotonina no parezca un cambio útil, pero como hay tantas regiones del cerebro que interactúan de manera dinámica, muchas de las cosas que suceden no son tan sencillas ni se entienden por completo; esta es una de ellas.

Sorprendentemente, en las primeras semanas, a medida que el cerebro reacciona a la medicación, de hecho, puede llegar a ralentizarse la tasa de disparo de las neuronas de serotonina, lo que lleva a niveles más bajos de esta sustancia.[18] Piensa que esto es como alguien que trata de ponerse en forma por primera vez en años: espera sentirse más sano, pero las primeras veces que va al gimnasio, se siente aún peor. Luego, tras un par de semanas, se recupera la tasa de disparo de las neuronas de serotonina y esta vuelve a subir. El retraso en la recuperación de las neuronas de serotonina puede ayudar a explicar por qué con frecuencia para que los medicamentos empiecen a funcionar plenamente hace falta un tiempo.

Aunque la mayoría de los antidepresivos no apuntan directamente al sistema de dopamina, aun así pueden afectarlo. Los antidepresivos sensibilizan los receptores de dopamina, haciéndolos más sensibles a los bajos niveles de esta,[19] lo que ayuda a hacer la vida más placentera y gratificante.

Los antidepresivos también causan aumentos en el FNDC, que, como se mencionó en capítulos anteriores, es como abono para el cerebro. Ayudan a generar nuevas neuronas y a reprogramar las viejas, especialmente en la corteza prefrontal y el hipocampo, ayudando a la mejoría de la comunicación frontal límbica.[20, 21] Por el contrario, el estrés disminuye la generación de nuevas neuronas o la frena. Así que los antidepresivos pueden combatir o incluso revertir el daño neural causado por el estrés.

Por último, los antidepresivos también ayudan a mejorar la calidad del sueño. Reducen la cantidad de sueño REM y aumentan la cantidad de sueño de onda lenta más reconstituyente.[22] A este respecto, los antidepresivos tienen un efecto similar al ejercicio, y sabemos que el sueño de calidad contribuye en gran medida a una espiral ascendente.

TÉCNICAS DE ESTIMULACIÓN CEREBRAL

Además de la psicoterapia y la medicación, en las últimas décadas han proliferado otros tratamientos para modificar la actividad cerebral. Se trata de diversas formas de *neuromodulación*, que no es más que una manera sofisticada de decir «cambiar la actividad cerebral» o «estimulación cerebral». Estas técnicas van de lo comprobado a lo experimental y desde intervenciones quirúrgicas complejas hasta procedimientos completamente no invasivos. Pero la única manera de averiguar si algún procedimiento de neuromodulación es adecuado para ti es consultar con un profesional de la salud mental.

Estimulación magnética transcraneal

La estimulación magnética transcraneal (EMT) es una técnica que usa pulsos magnéticos para cambiar la actividad neural. Consiste básicamente en que un técnico coloca un electroimán fuerte y pulsante sobre la corteza prefrontal dorsolateral. Es una tecnología genial, porque no solo proporciona una forma directa de influir en los circuitos cerebrales, sino que únicamente tienes la sensación de que alguien te toca la frente con suavidad. Está demostrado que un mes de tratamiento con EMT basta para combatir la depresión. Esta técnica también afecta a las regiones que se conectan con la corteza prefrontal dorsolateral, como el cuerpo estriado dorsal.[23] La regulación del cuerpo estriado dorsal nos hace más capaces de suprimir los viejos hábitos y crear nuevos comportamientos. Además, la EMT aumenta la liberación de dopamina en la corteza prefrontal medial y la cingulada anterior ventral,[24] ayudando a restaurar el equilibrio frontal límbico.

Estimulación eléctrica del nervio vago

La estimulación del nervio vago (ENV) es una técnica que, como habrás supuesto, activa el nervio vago y ayuda a tratar la depresión. Para esto se requiere un estimulador eléctrico implantado quirúrgicamente en el cuello, lo que resulta prohibitivo para algunos, aunque podría valer la pena para los pacientes con depresión grave. La ENV modifica la actividad cerebral a través del nervio vago de una manera similar a muchos de los enfoques de retroalimentación biológica explicados en el capítulo nueve. Aunque originalmente fue concebida para tratar la epilepsia, puede ayudar en la depresión, especialmente en la forma en que el cerebro procesa el sentido de la identidad.[25]

Terapia electroconvulsiva

La terapia electroconvulsiva (TEC) es una técnica que consiste en aplicar descargas eléctricas en la cabeza con el fin de causar una convulsión terapéutica. Surgió en la pasada década de los años treinta, cuando no se disponía de ninguna medicación psiquiátrica, y rápidamente se hizo evidente su elevada eficacia para muchos pacientes con depresión. Era menos eficaz para otros trastornos psiquiátricos, pero en esa época no existían alternativas. Desafortunadamente, en la mentalidad popular, la TEC comenzó a desarrollar una mala reputación, alimentada por su imagen negativa en los medios de comunicación, como en el caso de la película *Alguien voló sobre el nido del cuco*, que no representa con exactitud el uso apropiado de esta técnica. Desde la década de los cincuenta, la TEC se utiliza con anestesia, por lo que los pacientes no experimentan ningún dolor o malestar con el tratamiento. En los últimos años, las técnicas han avanzado aún más para reducir los efectos secundarios, y la TEC ha demostrado durante todo este tiempo ser una herramienta extremadamente eficaz para tratar la depresión grave.[26]

Se desconoce la razón exacta por la que la TEC funciona, pero tiene amplios efectos en el cerebro. Del mismo modo que la medicación antidepresiva, aumenta el FNDC, que ayuda a generar nuevas neuronas.[27] Asimismo, incrementa la oxitocina y mejora la función del receptor de serotonina, haciéndolos más sensibles, además de mejorar la función del receptor de la dopamina en el cuerpo estriado.[28]

La TEC es un procedimiento aprobado por la FDA,* pero generalmente se lleva a cabo solo cuando las terapias menos invasivas no funcionan. En el caso de que la medicación, la psicoterapia y los cambios de vida no sean suficientes, la TEC puede ser extremadamente eficaz en la mejora de la depresión.

Técnicas futuras

Las dos técnicas siguientes aún no han sido aprobadas por la FDA, pero las incluyo porque ilustran diferentes maneras de modificar esos mismos circuitos de los que ya hemos hablado.

---

* N. del T.: Food and Drug Administration ('administración de alimentos y medicamentos) de Estados Unidos.

La *estimulación directa transcraneal con corriente* (EDTCC) es una técnica muy sencilla que consiste en colocar un par de electrodos en el cuero cabelludo sobre la corteza prefrontal para aplicar una corriente eléctrica muy pequeña. La EDTCC realza la excitabilidad prefrontal dorsolateral, de manera que las neuronas puedan activarse más fácilmente. En un estudio sobre la estimulación directa transcraneal la mayoría de los sujetos redujeron sus síntomas en cerca del cuarenta por ciento, y los beneficios duraron un mes.[29] Estas cifras ciertamente no muestran que la EDTCC sea una cura para la depresión, pero puede ser una manera fácil de ayudar, si consigue la aprobación de la FDA. Y aunque aún no ha sido aprobada, al ser un tratamiento relativamente benigno, podrías encontrar un psiquiatra que la ofrezca de forma «no autorizada».

Por último, para los pacientes con depresión muy grave, puede ser útil implantar quirúrgicamente un electrodo junto a la cingulada anterior ventral.[30] Esta *estimulación cerebral profunda* modifica directamente cualquier circuito en el que esté implicada la cingulada anterior; en pequeños estudios, ha demostrado un impacto potencialmente espectacular en la depresión. Sin embargo, requiere cirugía cerebral, por lo que este libro sugiere métodos alternativos para modular la cingulada anterior.

En última instancia, hay docenas de maneras de modificar los circuitos del cerebro que crean la espiral descendente de la depresión. Para algunas se necesita receta y para otras no, pero todas forman parte de la espiral ascendente.

Conclusión

Nuestras maletas maltrechas estaban apiladas de nuevo en la acera; teníamos aún mucho camino por recorrer. Pero no importa, el camino es la vida.

Jack Kerouac,
En el camino

Hemos llegado casi al final, y espero que tus maletas estén llenas de nuevos conocimientos sobre el cerebro. Ahora sabes cómo las diversas regiones cerebrales interactúan para crear la espiral descendente de la depresión y dispones de las herramientas para hacer algo al respecto.

Sabes que la depresión es una disfunción de la comunicación frontal límbica. Sabes que la corteza prefrontal te ayuda a manejar las emociones y los deseos para que puedas planificar el futuro. El cuerpo estriado dorsal te hace seguir los viejos hábitos y el núcleo accumbens controla el disfrute y los impulsos. La cingulada anterior maneja la atención a lo negativo o lo positivo y la ínsula es responsable de las sensaciones emocionales.

La amígdala media la ansiedad. El hipotálamo regula numerosas hormonas y controla la respuesta al estrés. El hipocampo está estrechamente ligado a la amígdala y el hipotálamo, y es esencial para el aprendizaje y la memoria.

También entiendes las contribuciones de los diferentes neurotransmisores. La serotonina ayuda al control de los impulsos, la fuerza de voluntad y la resiliencia. La dopamina es importante para el disfrute y los hábitos. La norepinefrina modula la atención y la concentración. La oxitocina es esencial para las relaciones cercanas. Otros neurotransmisores son importantes también, como el GABA (antiansiedad), las endorfinas (la euforia y el alivio del dolor) y los endocannabinoides (el apetito y la tranquilidad). Otras sustancias químicas, como el FNDC, ayudan a generar nuevas neuronas, e incluso las proteínas del sistema inmunitario desempeñan un papel. Todo el contexto químico es tan complicado y está tan interrelacionado como la economía internacional.

Todo está interconectado. La gratitud mejora el sueño. Dormir reduce el dolor. Al reducir el dolor mejora tu estado de ánimo. La mejoría del estado de ánimo disminuye la ansiedad, lo que mejora la concentración y la planificación. La concentración y la planificación ayudan a la toma de decisiones. La toma de decisiones reduce más la ansiedad y mejora el disfrute. El disfrute te da más motivos por los que agradecer, lo que mantiene vivo el bucle de la espiral ascendente. El disfrute también hace que sea más probable que hagas ejercicio y seas sociable, lo que, a su vez, te hará más feliz.

Ahora conoces docenas de maneras de modular todos los circuitos importantes. Puedes alterar la dopamina y el cuerpo estriado dorsal por medio del ejercicio físico. Puedes aumentar la serotonina con un masaje. Puedes tomar decisiones y establecer objetivos para activar la corteza ventromedial prefrontal. Puedes reducir la actividad de la amígdala con un abrazo e incrementar la actividad de la cingulada anterior con la gratitud. Puedes mejorar la norepinefrina prefrontal durmiendo. La lista sigue y sigue, y estos beneficios crean un bucle de retroalimentación que provoca cambios aún más positivos.

Los circuitos cerebrales son una red interconectada, como el entorno; pero a veces pueden formar un ecosistema frágil. Ese es el problema con la depresión. Puede crear una espiral descendente, y todo empeora. Sin embargo, basta un par de pequeños cambios de vida para invertir la tendencia. Y a medida que el cerebro comienza una espiral ascendente, el ecosistema se vuelve cada vez más resiliente, lo que ayuda a prevenir futuros episodios de depresión.

Como todos tus circuitos neurales se influyen entre sí, la solución a tus problemas no siempre es sencilla. ¿No tienes ganas de ver a nadie? Vete a correr. ¿No tienes ganas de trabajar? Sal a la calle. ¿No puedes dormir? Piensa en aquello por lo que te sientes agradecido. ¿Te preocupas mucho? Haz estiramientos.

La próxima vez que te sientas deprimido, solo tienes que recordar que tu cerebro se ha quedado estancado en una determinada pauta. Haz algo para alterarla, cualquier cosa. Si no encuentras un motivo para salir de la cama, deja de buscarlo, simplemente levántate. Una vez que tu hipocampo reconozca el cambio de contexto, activará el cuerpo dorsal estriado para que actúe siguiendo tus hábitos, o al menos activará la corteza prefrontal para encontrar una nueva razón. Sal a pasear. Llama a un amigo.

EL FIN ES EL PRINCIPIO

¡Enhorabuena! Has llegado al final del libro. Incluso en el caso de que no recuerdes nada, sacarás algunas ventajas neurocientíficas.

Tu cerebro está segregando dopamina mientras lees estas palabras, anticipándose al final; y cuando hayas terminado y cierres el libro, liberará otra ráfaga de dopamina para ayudarte a salir al mundo.

Gracias por leer. Espero que algo de lo que he dicho te haya mostrado una nueva senda hacia la mejoría, o al menos un poco de comprensión y aceptación. Puede que ahora mismo nada parezca haber cambiado, pero has activado circuitos importantes con solo pensar en ello. Lo parezca o no, tu espiral ascendente acaba de iniciarse.

Agradecimientos

E n primer lugar, me gustaría dar las gracias a mis mentores y colaboradores científicos en la Universidad de California, Los Ángeles (UCLA): Mark Cohen, Andy Leuchter, Ian Cook, Michelle Abrams y Alexander Bystritsky. Mi agradecimiento a Angela Gorden y Jill Marsal por ayudar a que este libro se hiciera realidad. Gracias a mi familia por su amor y su aliento, en particular a mi madre por sus correcciones y sus aptitudes acerca de la neurociencia. Gracias a Alex Thaler, Jessie Davis, Sam Torrisi y Joey Cooper por sus valiosas aportaciones. Mi agradecimiento a Elizabeth Peterson por su amor, su apoyo y su labor de edición, que me hace sonar como si supiera escribir. Y gracias a las Bruin Ladies Ultimate* por motivarme durante toda la universidad y después de ella.

---

* N. del T.: grupo deportivo de *ultimate* de la UCLA. El Ultimate es un deporte de no-contacto que se juega con un disco volador (*frisbee*). Dos equipos de siete jugadores compiten en un campo de juego de dimensiones aproximadas a las de un campo de fútbol pero más estrecho. En cada extremo del campo hay una zona de anotación o *endzone*. Cada equipo defiende una zona. Se marca un gol si un jugador atrapa un disco en la zona opuesta.

Notas

Introducción

1. Coan, J. A., Schaefer, H. S. y Davidson, R. J. (2006). «Lending a hand: Social regulation of the neural response to threat». *Psychological Science*, 17 (12): 1032-1039.
2. Fumoto, M., Oshima, T. *et al.* (2010). «Ventral prefrontal cortex and serotonergic system activation during pedaling exercise induces negative mood improvement and increased alpha band in EEG». *Behavioural Brain Research*, 213 (1): 1-9.
3. Walch, J. M., Rabin, B. S., *et al.* (2005). «The effect of sunlight on postoperative analgesic medication use: A prospective study of patients undergoing spinal surgery». *Psychosomatic Medicine*, 67 (1): 156-163.
4. Fredrickson, B. L. y Joiner, T. (2002). «Positive emotions trigger upward spirals toward emotional well-being». *Psychological Science*, 13 (2): 172-175.

Capítulo 1

1. American Psychiatric Association. (2000). «Diagnostic and statistical manual of mental disorders: DSM-IV-TR». Washington, DC: *American Psychiatric Association*.
2. Schiepers, O. J., Wichers, M. C. y Maes, M. (2005). «Cytokines and major depression». *Progress in Neuro-Psychopharmacology and Biological Psychiatry*, 29 (2): 201-217.
3. Koenigs, M y Grafman, J. (2009). «The functional neuroanatomy of depression: Distinct roles for ventromedial and dorsolateral prefrontal cortex». *Behavioural Brain Research*, 201 (2): 239-243.

4. Fu, C. H., Williams, S. C., *et al.* (2004). «Attenuation of the neural response to sad faces in major depression by antidepressant treatment: A prospective, event-related functional magnetic resonance imaging study». *Archives of General Psychiatry*, 61 (9): 877-889.
5. Buchanan, T. W. (2007). «Retrieval of emotional memories». *Psychological Bulletin*, 133 (5): 761-779.
6. MacQueen, G. y Frodl, T. (2011). «The hippocampus in major depression: Evidence for the convergence of the bench and bedside in psychiatric research?». *Molecular Psychiatry*, 16 (3): 252-264».
7. Cooney, R. E., Joormann, J., *et al.* (2010). «Neural correlates of rumination in depression». *Cognitive, Affective, & Behavioral Neuroscience*, 10 (4): 470-478.
8. Korb, A. S., Hunter, A. M., *et al.* (2009). «Rostral anterior cingulate cortex theta current density and response to antidepressants and placebo in major depression». *Clinical Neurophysiology*, 120 (7): 1313-1319.
9. Mayberg, H. S., Lozano, A. M., *et al.* (2005). «Deep brain stimulation for treatment-resistant depression». *Neuron*, 45 (5): 651-660.
10. Wiebking, C., Bauer, A., *et al.* (2010). «Abnormal body perception and neural activity in the insula in depression: An fMRI study of the depressed "material me"». *World Journal of Biological Psychiatry*, 11 (3): 538-549.
11. Pezawas, L., Meyer-Lindenberg, A., *et al.* (2005). «5-HTTLPR polymorphism impacts human cingulate-amygdala interactions: A genetic susceptibility mechanism for depression». *Nature Neuroscience*, 8 (6): 828-834.
12. Talge, N. M., Neal, C., *et al.* (2007). «Antenatal maternal stress and long-term effects on child neurodevelopment: How and why?». *Journal of Child Psychology and Psychiatry*, 48 (3-4): 245-261.

Capítulo 2
1. Schwartz, B., Ward, A., *et al.* (2002). «Maximizing versus satisficing: Happiness is a matter of choice». *Journal of Personality and Social Psychology*, 83 (5): 1178-1197.
2. Hsu, M., Bhatt, M., *et al.* (2005). «Neural systems responding to degrees of uncertainty in human decision-making». *Science*, 310 (5754): 1680-1683.
3. Fincham, J. M., Carter, C. S., *et al.* (2002). «Neural mechanisms of planning: A computational analysis using event-related fMRI». *Proceedings of the National Academy of Sciences USA*, 99 (5): 3346-3351.
4. McLaughlin, K. A., Borkovec, T. D. y Sibrava, N. J. (2007). «The effects of worry and rumination on affect states and cognitive activity». *Behavior Therapy*, 38 (1): 23-38.

5. Paulesu, E., Sambugaro, E., *et al.* (2010). «Neural correlates of worry in generalized anxiety disorder and in normal controls: A functional MRI study». *Psychological Medicine*, 40 (1): 117-124.
6. Zebb, B. J. y Beck, J. G. (1998). «Worry versus anxiety: Is there really a difference?». *Behavior Modification*, 22 (1): 45-61.
7. Sanderson, W. C., Rapee, R. M. y Barlow, D. H. (1989). «The influence of an illusion of control on panic attacks induced via inhalation of 5.5% carbon dioxide-enriched air». *Archives of General Psychiatry*, 46 (2): 157-162.
8. Borckardt, J. J., Reeves, S. T., *et al.* (2011). «Fast left prefrontal rTMS acutely suppresses analgesic effects of perceived controllability on the emotional component of pain experience». *Pain*, 152 (1): 182-187.
9. Schwartz, *et al.* (2002). «Maximizing versus satisficing».
10. Bystritsky, A. (2006). «Treatment-resistant anxiety disorders». *Molecular Psychiatry*, 11 (9): 805-814.
11. Harris, S., Sheth, S. A. y Cohen, M. S. (2008). «Functional neuroimaging of belief, disbelief, and uncertainty». *Annals of Neurology*, 63 (2): 141-147.
12. Cabib, S. y Puglisi-Allegra, S. (2012). «The mesoaccumbens dopamine in coping with stress». *Neuroscience & Biobehavioral Reviews*, 36 (1): 79-89.
13. Lieberman, M. D., Eisenberger, N. I., *et al.* (2007). «Putting feelings into words: Affect labeling disrupts amygdala activity in response to affective stimuli». *Psychological Science*, 18 (5): 421-428.
14. Hoehn-Saric, R., Lee, J. S., *et al.* (2005). «Effect of worry on regional cerebral blood flow in nonanxious subjects». *Psychiatry Research*, 140 (3): 259-269.
15. Farb, N. A., Segal, Z. V., *et al.* (2007). «Attending to the present: Mindfulness meditation reveals distinct neural modes of self-reference». *Social Cognitive and Affective Neuroscience*, 2 (4): 313-322.
16. Holzel, B. K., Hoge, E. A., *et al.* (2013). «Neural mechanisms of symptom improvements in generalized anxiety disorder following mindfulness training». *NeuroImage Clinical*, 2: 448-458.

Capítulo 3
1. Vuilleumier, P. (2005). «How brains beware: Neural mechanisms of emotional attention». *Trends in Cognitive Sciences*, 9 (12): 585-594.
2. Mohanty, A. y Sussman, T. J. (2013). «Top-down modulation of attention by emotion». *Frontiers in Human Neuroscience*, 7: 102.
3. Sander, D., Grandjean, D., *et al.* (2005). «Emotion and attention interactions in social cognition: Brain regions involved in processing anger prosody». *Neuroimage*, 28 (4): 848-858.

4. Rainville, P., Duncan, G. H., *et al.* (1997). «Pain affect encoded in human anterior cingulate but not somatosensory cortex». *Science*, 277 (5328): 968-971.
5. Carter, C. S., Braver, T. S., *et al.* (1998). «Anterior cingulate cortex, error detection, and the online monitoring of performance». *Science*, 280 (5364): 747-749.
6. Lawrence, N. S., Jollant, F., *et al.* (2009). «Distinct roles of prefrontal cortical subregions in the Iowa Gambling Task». *Cerebral Cortex*, 19 (5): 1134-1143.
7. Maniglio, R., Gusciglio, F., *et al.* (2014). «Biased processing of neutral facial expressions is associated with depressive symptoms and suicide ideation in individuals at risk for major depression due to affective temperaments». *Comprehensive Psychiatry*, 55 (3): 518-525.
8. Siegle, G. J., Steinhauer, S. R., *et al.* (2002). «Can't shake that feeling: Event-related fMRI assessment of sustained amygdala activity in response to emotional information in depressed individuals». *Biological Psychiatry*, 51 (9): 693-707.
9. Baumeister, R. F., Bratslavsky, E., *et al.* (2001). «Bad is stronger than good». *Review of General Psychology*, 5 (4): 323-370.
10. Waugh, C. E., Hamilton, J. P. y Gotlib, I. H. (2010). «The neural temporal dynamics of the intensity of emotional experience». *Neuroimage*, 49 (2): 1699-1707.
11. Maratos, E. J., Dolan, R. J., *et al.* (2001). «Neural activity associated with episodic memory for emotional context». *Neuropsychologia*, 39 (9): 910-920.
12. Fredrickson, B. L. y Losada, M. F. (2005). «Positive affect and the complex dynamics of human flourishing». *American Psychologist*, 60 (7): 678-686.
13. Dannlowski, U., Ohrmann, P., *et al.* (2007). «Amygdala reactivity predicts automatic negative evaluations for facial emotions». *Psychiatry Research*, 154 (1): 13-20.
14. Joormann, J., Talbot, L. y Gotlib, I. H. (2007). «Biased processing of emotional information in girls at risk for depression». *Journal of Abnormal Psychology*, 116 (1): 135-143.
15. Karg, K., Burmeister, M., *et al.* (2011). «The serotonin transporter promoter variant (5-HTTLPR), stress, and depression meta-analysis revisited: Evidence of genetic moderation». *Archives of General Psychiatry*, 68 (5): 444-454.
16. Perez-Edgar, K., Bar-Haim, Y., *et al.* (2010). «Variations in the serotonin-transporter gene are associated with attention bias patterns to positive and negative emotion faces». *Biological Psychology*, 83 (3): 269-271.
17. Sharot, T., Riccardi, A. M., *et al.* (2007). «Neural mechanisms mediating optimism bias». *Nature*, 450 (7166): 102-105.

18. Korb, A. S., Hunter, A. M., *et al.* (2009). «Rostral anterior cingulate cortex theta current density and response to antidepressants and placebo in major depression». *Clinical Neurophysiology*, 120 (7): 1313-1319.
19. Pezawas, L., Meyer-Lindenberg, A., *et al.* (2005). «5-HTTLPR polymorphism impacts human cingulate-amygdala interactions: A genetic susceptibility mechanism for depression». *Nature Neuroscience*, 8 (6): 828-834.
20. Hariri, A. R., Drabant, E. M., *et al.* (2005). «A susceptibility gene for affective disorders and the response of the human amygdala». *Archives of General Psychiatry*, 62 (2): 146-152.
21. Pichon, S., Rieger, S. W. y Vuilleumier, P. (2012). «Persistent affective biases in human amygdala response following implicit priming with negative emotion concepts». *Neuroimage*, 62 (3): 1610-1621.
22. Koster, E. H., De Raedt, R., *et al.* (2005). «Mood-congruent attentional bias in dysphoria: Maintained attention to and impaired disengagement from negative information». *Emotion*, 5 (4): 446-455.
23. Gotlib, I. H., Krasnoperova, E., *et al.* (2004). «Attentional biases for negative interpersonal stimuli in clinical depression». *Journal of Abnormal Psychology*, 113 (1): 121-135.
24. Carter, *et al.* (1998). «Anterior cingulate cortex».
25. Holzel, B. K., Hoge, E. A., *et al.* (2013). «Neural mechanisms of symptom improvements in generalized anxiety disorder following mindfulness training». *NeuroImage Clinical*, 2: 448-458.
26. Kerns, J. G. (2006). «Anterior cingulate and prefrontal cortex activity in an FMRI study of trial-to-trial adjustments on the Simon task». *Neuroimage*, 33 (1): 399-405.
27. Herwig, U., Bruhl, A. B., *et al.* (2010). «Neural correlates of "pessimistic" attitude in depression». *Psychological Medicine*, 40 (5): 789-800.
28. Strunk, D. R. y Adler, A. D. (2009). «Cognitive biases in three prediction tasks: A test of the cognitive model of depression». *Behaviour Research and Therapy*, 47 (1): 34-40.
29. Rainville, *et al.* (1997). «Pain affect encoded in human anterior cingulate».
30. Strigo, I. A., Simmons, A. N., *et al.* (2008). «Association of major depressive disorder with altered functional brain response during anticipation and processing of heat pain». *Archives of General Psychiatry*, 65 (11): 1275-1284.
31. Phelps, E. A. (2004). «Human emotion and memory: Interactions of the amygdala and hippocampal complex». *Current Opinion in Neurobiology*, 14 (2): 198-202.
32. Macoveanu, J., Knorr, U., *et al.* (2013). «Altered reward processing in the orbitofrontal cortex and hippocampus in healthy first-degree relatives of patients with depression». *Psychological Medicine*: 1-13.

33. Harmer, C. J., Shelley, N. C., *et al.* (2004). «Increased positive versus negative affective perception and memory in healthy volunteers following selective serotonin and norepinephrine reuptake inhibition». *American Journal of Psychiatry*, 161 (7): 1256-1263.
34. Morgan, V., Pickens, D., *et al.* (2005). «Amitriptyline reduces rectal pain related activation of the anterior cingulate cortex in patients with irritable bowel syndrome». *Gut*, 54 (5): 601-607.
35. Sharot, *et al.* (2007). «Neural mechanism mediating optimism bias».
36. Herwig, U., Kaffenberger, T., *et al.* (2007). «Neural correlates of a "pessimistic" attitude when anticipating events of unknown emotional valence». *Neuroimage*, 34 (2): 848-858.

Capítulo 4

1. Moore, C. M., Christensen, J. D., *et al.* (1997). «Lower levels of nucleoside triphosphate in the basal ganglia of depressed subjects: A phosphorous-31 magnetic resonance spectroscopy study». *American Journal of Psychiatry*, 154 (1): 116-118.
2. Scott, D. J., Heitzeg, M. M., *et al.* (2006). «Variations in the human pain stress experience mediated by ventral and dorsal basal ganglia dopamine activity». *Journal of Neuroscience*, 26 (42): 10789-10795.
3. Schwabe, L. y Wolf, O. T. (2009). «Stress prompts habit behavior in humans». *Journal of Neuroscience*, 29 (22): 7191-7198.

Capítulo 5

1. Akbaraly, T., Brunner, E. J., *et al.* (2009). «Dietary pattern and depressive symptoms in middle age». *British Journal of Psychiatry*, 195 (5): 408-413.
2. Colcombe, S. y Kramer, A. F. (2003). «Fitness effects on the cognitive function of older adults: A meta-analytic study». *Psychological Science*, 14 (2): 125-130.
3. Reid, K. J., Baron, K. G., *et al.* (2010). «Aerobic exercise improves self-reported sleep and quality of life in older adults with insomnia». *Sleep Medicine*, 11 (9): 934-940.
4. Petruzzello, S. J., Landers, D. M., *et al.* (1991). «A meta-analysis on the anxiety-reducing effects of acute and chronic exercise. Outcomes and mechanisms». *Sports Medicine*, 11 (3): 143-182.
5. Blumenthal, J. A., Fredrikson, M., *et al.* (1990). «Aerobic exercise reduces levels of cardiovascular and sympathoadrenal responses to mental stress in subjects without prior evidence of myocardial ischemia». *American Journal of Cardiology*, 65 (1): 93-98.
6. Cotman, C. W. y Berchtold, N. C. (2002). «Exercise: A behavioral intervention to enhance brain health and plasticity». *Trends in Neurosciences*, 25 (6): 295-301.

7. Leasure, J. L. y Jones, M. (2008). «Forced and voluntary exercise differentially affect brain and behavior». *Neuroscience*, 156 (3): 456-465.
8. Pretty, J., Peacock, J., *et al.* (2005). «The mental and physical health outcomes of green exercise». *International Journal of Environmental Health Research*, 15 (5): 319-337.
9. Kaplan, R. (2001). «The nature of the view from home: Psychological benefits». *Environment and Behavior*, 33: 507-542.
10. Rovio, S., Spulber, G., *et al.* (2010). «The effect of midlife physical activity on structural brain changes in the elderly». *Neurobiology of Aging*, 31 (11): 1927-1936.
11. Balu, D. T., Hoshaw, B. A., *et al.* (2008). «Differential regulation of central BDNF protein levels by antidepressant and non-antidepressant drug treatments». *Brain Research*, 1211: 37-43.
12. Jacobs, B. L. y Fornal, C. A. (1999). «Activity of serotonergic neurons in behaving animals». *Neuropsychopharmacology*, 21 (2 supl.): 9S-15S.
13. Rueter, L. E. y Jacobs, B. L. (1996). «A microdialysis examination of serotonin release in the rat forebrain induced by behavioral/environmental manipulations». *Brain Research*, 739 (1-2): 57-69.
14. Mattson, M. P., Maudsley, S. y Martin, B. (2004). «BDNF and 5-HT: A dynamic duo in age-related neuronal plasticity and neurodegenerative disorders». *Trends in Neurosciences*, 27 (10): 589-594.
15. Winter, B., Breitenstein, C., *et al.* (2007). «High impact running improves learning». *Neurobiology of Learning and Memory*, 87 (4): 597-609.
16. Winter, *et al.* (2007). *High impact running.*
17. Janse van Rensburg, K., Taylor, A., *et al.* (2009). «Acute exercise modulates cigarette cravings and brain activation in response to smoking-related images: An fMRI study». *Psychopharmacology* (Berlín), 203 (3): 589-598.
18. Boecker, H., Sprenger, T., *et al.* (2008). «The runner's high: Opioidergic mechanisms in the human brain». *Cerebral Cortex*, 18 (11): 2523-2531.
19. Goldfarb, A. H., Hatfield, B. D., *et al.* (1990). «Plasma beta-endorphin concentration: Response to intensity and duration of exercise». *Medicine & Science in Sports & Exercise*, 22 (2): 241-244.
20. Sparling, P. B., Giuffrida, A., *et al.* (2003). «Exercise activates the endocannabinoid system». *Neuroreport*, 14 (17): 2209-2211.
21. Nabkasorn, C., Miyai, N., *et al.* (2006). «Effects of physical exercise on depression, neuroendocrine stress hormones and physiological fitness in adolescent females with depressive symptoms». *European Journal of Public Health*, 16 (2): 179-184.
22. Fumoto, M., Oshima, T., *et al.* (2010). «Ventral prefrontal cortex and serotonergic system activation during pedaling exercise induces negative mood improvement and increased alpha band in EEG». *Behavioural Brain Research*, 213 (1): 1-9.

23. Reid, *et al.* (2010). «Aerobic exercise improves self-reported sleep».
24. Pillai, V., Kalmbach, D. A. y Ciesla, J. A. (2011). «A meta-analysis of electroencephalographic sleep in depression: Evidence for genetic bio-markers». *Biological Psychiatry*, 70 (10): 912-919.
25. Sharpley, A. L. y Cowen, P. J. (1995). «Effect of pharmacologic treatments on the sleep of depressed patients». *Biological Psychiatry*, 37 (2): 85-98.

Capítulo 6

1. Schwartz, B., Ward, A., *et al.* (2002). «Maximizing versus satisficing: Happiness is a matter of choice». *Journal of Personality and Social Psychology*, 83 (5): 1178-1197.
2. Venkatraman, V., Payne, J. W., *et al.* (2009). «Separate neural mechanisms underlie choices and strategic preferences in risky decision making». *Neuron*, 62 (4): 593-602.
3. De Wit, S., Corlett, P. R., *et al.* (2009). «Differential engagement of the ventromedial prefrontal cortex by goal-directed and habitual behavior toward food pictures in humans». *Journal of Neuroscience*, 29 (36): 11330-11338.
4. Gazzaley, A., Cooney, J. W., *et al.* (2005). «Top-down enhancement and suppression of the magnitude and speed of neural activity». *Journal of Cognitive Neuroscience*, 17 (3): 507-517.
5. Creswell, J. D., Welch, W. T., *et al.* (2005). «Affirmation of personal values buffers neuroendocrine and pschological stress responses». *Psychological Science*, 16 (11): 846-851.
6. Wykowska, A. y Schubo, A. (2012). «Action intentions modulate allocation of visual attention: Electrophysiological evidence». *Frontiers in Psychology*, 3: 379.
7. Hemby, S. E., Co, C., *et al.* (1997). «Differences in extracellular dopamine concentrations in the nucleus accumbens during response-dependent and response-independent cocaine administration in the rat». *Psychopharmacology* (Berlín), 133 (1): 7-16.
8. Luce, M. F., Bettman, J. R. y Payne, J. W. (1997). «Choice processing in emotionally difficult decisions». *Journal of Experimental Psychology, Learning, Memory, and Cognition*, 23 (2): 384-405.
9. Gallagher, K. M. y Updegraff, J. A. (2012). «Health message framing effects on attitudes, intentions, and behavior: A meta-analytic review». *Annals of Behavioral Medicine*, 43 (1): 101-116.
10. Studer, B., Apergis-Schoute, A. M., *et al.* (2012). «What are the Odds? The neural correlates of active choice during gambling». *Frontiers in Neuroscience*, 6: 46.
11. Rao, H., Korczykowski, M., *et al.* (2008). «Neural correlates of voluntary and involuntary risk taking in the human brain: An fMRI study of the Balloon Analog Risk Task (BART)». *Neuroimage*, 42 (2): 902-910.

12. Lieberman, M. D., Ochsner, K. N., *et al.* (2001). «Do amnesics exhibit cognitive dissonance reduction? The role of explicit memory and attention in attitude change». *Psychological Science*, 12 (2): 135-140.

13. MacLeod, A. K., Coates, E. y Hetherton, J. (2008). «Increasing well-being through teaching goal-setting and planning skills: Results of a brief intervention». *Journal of Happiness Studies* 9: 185-196.

14. Dickson, J. M. y Moberly, N. J. (2013). «Reduced specificity of personal goals and explanations for goal attainment in major depression». *PLoS One*, 8 (5): e64512.

15. Hadley, S. A. y MacLeod, A. K. (2010). «Conditional goal-setting, personal goals and hopelessness about the future». *Cognition & Emotion*, 24 (7): 1191-1198.

16. Draganski, B., Kherif, F., *et al.* (2008). «Evidence for segregated and integrative connectivity patterns in the human basal ganglia». *Journal of Neuroscience*, 28 (28): 7143-7152.

17. Weiss, J. M., Goodman, P. A., *et al.* (1981). «Behavioral depression produced by an uncontrollable stressor: Relationship to norepinephrine, dopamine, and serotonin levels in various regions of rat brain». *Brain Research Reviews*, 3 (2): 167-205.

18. Wiech, K., Kalisch, R., *et al.* (2006). «Anterolateral prefrontal cortex mediates the analgesic effect of expected and perceived control over pain». *Journal of Neuroscience*, 26 (44): 11501-11509.

19. Greenwood, B. N., Foley, T. E., *et al.* (2003). «Freewheel running prevents learned helplessness/behavioral depression: Role of dorsal raphe serotonergic neurons». *Journal of Neuroscience*, 23 (7): 2889-2898.

20. Yanagita, S., Amemiya, S., *et al.* (2007). «Effects of spontaneous and forced running on activation of hypothalamic corticotropin-releasing hormone neurons in rats». *Life Sciences*, 80 (4): 356-363.

21. Thrift, M., Ulloa-Heath, J., *et al.* (2012). «Career interventions and the career thoughts of Pacific Island College students». *Journal of Counseling & Development*, 90 (2): 169-176.

22. Frost, R. O. y Shows, D. L. (1993). «The nature and measurement of compulsive indecisiveness». *Behaviour Research and Therapy*, 31 (7): 683-692.

Capítulo 7

1. Nofzinger, E. A., Nissen, C., *et al.* (2006). «Regional cerebral metabolic correlates of WASO during NREM sleep in insomnia». *Journal of Clinical Sleep Medicine*, 2 (3): 316-322.

2. Pillai, V., Kalmbach, D. A. y Ciesla, J. A. (2011). «A meta-analysis of electroencephalographic sleep in depression: Evidence for genetic biomarkers». *Biological Psychiatry*, 70 (10): 912-919.

3. Sharpley, A. L. y Cowen, P. J. (1995). «Effect of pharmacologic treatments on the sleep of depressed patients». *Biological Psychiatry*, 37 (2): 85-98.
4. Irwin, M., McClintick, J., *et al.* (1996). «Partial night sleep deprivation reduces natural killer and cellular immune responses in humans». *FASEB Journal*, 10 (5): 643-653.
5. Brower, K. J. y Perron, B. E. (2010). «Sleep disturbance as a universal risk factor for relapse in addictions to psychoactive substances». *Medical Hypotheses*, 74 (5): 928-933.
6. Harrison, Y. y Horne, J. A. (1999). «One night of sleep loss impairs innovative thinking and flexible decision making». *Organizational Behavior and Human Decision Processes*, 78 (2): 128-145.
7. Altena, E., Van Der Werf, Y. D., *et al.* (2008). «Sleep loss affects vigilance: Effects of chronic insomnia and sleep therapy». *Journal of Sleep Research*, 17 (3): 335-343.
8. Altena, E., Van Der Werf, Y. D., *et al.* (2008). «Prefrontal hypoactivation and recovery in insomnia». *Sleep*, 31 (9): 1271-1276.
9. Nofzinger, *et al.* (2006). «Regional cerebral metabolic correlates».
10. Brown, F. C., Buboltz, W. C., Jr. y Soper, B. (2002). «Relationship of sleep hygiene awareness, sleep hygiene practices, and sleep quality in university students». *Behavioral Medicine*, 28 (1): 33-38.
11. Sivertsen, B., Salo, P., *et al.* (2012). «The bidirectional association between depression and insomnia: The HUNT study». *Psychosomatic Medicine*, 74 (7): 758-765.
12. Wierzynski, C. M., Lubenov, E. V., *et al.* (2009). «State-dependent spike-timing relationships between hippocampal and prefrontal circuits during sleep». *Neuron*, 61 (4): 587-596.
13. Yoo, S. S., Hu, P. T., *et al.* (2007). «A deficit in the ability to form new human memories without sleep». *Nature Neuroscience*, 10 (3): 385-392.
14. Wilhelm, I., Diekelmann, S., *et al.* (2011). «Sleep selectively enhances memory expected to be of future relevance». *Journal of Neuroscience*, 31 (5): 1563-1569.
15. Fischer, S. y Born, J. (2009). «Anticipated reward enhances offline learning during sleep». *Journal of Experimental Psychology, Learning, Memory, and Cognition*, 35 (6): 1586-1593.
16. Van Der Werf, Y. D., Altena, E., *et al.* (2009). «Sleep benefits subsequent hippocampal functioning». *Nature Neuroscience*, 12 (2): 122-123.
17. Mishima, K., Okawa, M., *et al.* (2001). «Diminished melatonin secretion in the elderly caused by insufficient environmental illumination». *Journal of Clinical Endocrinology and Metabolism*, 86 (1): 129-134.
18. Lambert, G. W., Reid, C., *et al.* (2002). «Effect of sunlight and season on serotonin turnover in the brain». *Lancet*, 360 (9348): 1840-1842.

19. Walch, J. M., Rabin, B. S., *et al.* (2005). «The effect of sunlight on postoperative analgesic medication use: A prospective study of patients undergoing spinal surgery». *Psychosomatic Medicine*, 67 (1): 156-163.
20. Mishima, *et al.* (2001). «Diminished melatonin secretion in the elderly».
21. Babson, K. A., Trainor, C. D., *et al.* (2010). «A test of the effects of acute sleep deprivation on general and specific self-reported anxiety and depressive symptoms: An experimental extension». *Journal of Behavior Therapy and Experimental Psychiatry*, 41 (3): 297-303.
22. Monti, J. M. y Jantos, H. (2008). «The roles of dopamine and serotonin, and of their receptors, in regulating sleep and waking». *Progress in Brain Research*, 172: 625-646.
23. Dominguez-Lopez, S., Mahar, I., *et al.* (2012). «Short-term effects of melatonin and pinealectomy on serotonergic neuronal activity across the light-dark cycle». *Journal of Psychopharmacology*, 26 (6): 830-844.
24. Pontes, A. L. B., Engelberth, R. C. J. G., *et al.* (2010). «Serotonin and circadian rhythms». *Psychology and Neuroscience*, 3: 217-228.
25. Murray, G., Nicholas, C. L., *et al.* (2009). «Nature's clocks and human mood: The circadian system modulates reward motivation». *Emotion*, 9 (5): 705-716.
26. Basta, M., Chrousos, G. P., *et al.* (2007). «Chronic insomnia and stress system». *Sleep Medicine Clinics*, 2 (2): 279-291.
27. Kim, Y., Chen, I.., *et al.* (2013). «Sleep allostasis in chronic sleep restriction: The role of the norepinephrine system». *Brain Research*, 1531: 9-16.
28. Monti y Jantos. (2008). «The roles of dopamine and serotonin».
29. Finan, P. H. y Smith, M. T. (2013). «The comorbidity of insomnia, chronic pain, and depression: Dopamine as a putative mechanism». *Sleep Medicine Reviews*, 17 (3): 173-183.
30. McClung, C. A. (2007). «Circadian rhythms, the mesolimbic dopaminergic circuit, and drug addiction». *Scientific World Journal*, 7: 194-202.
31. Finan y Smith. (2013). «The comorbidity of insomnia, chronic pain, and depression».
32. Babson, *et al.* (2010). «A test of the effects of acute sleep deprivation».
33. O'Brien, E. M., Waxenberg, L. B., *et al.* (2010). «Negative mood mediates the effect of poor sleep on pain among chronic pain patients». *Clinical Journal of Pain*, 26 (4): 310-319.
34. Smith, M. T., Edwards, R. R., *et al.* (2007). «The effects of sleep deprivation on pain inhibition and spontaneous pain in women». *Sleep*, 30 (4): 494-505.
35. Campbell, C. M., Bounds, S. C., *et al.* (2013). «Individual variation in sleep quality and duration is related to cerebral mu opioid receptor binding potential during tonic laboratory pain in healthy subjects». *Pain Medicine*, 14 (12): 1882-1892.

36. Xie, L., Kang, H., *et al.* (2013). «Sleep drives metabolite clearance from the adult brain». *Science*, 342 (6156): 373-377.
37. Brown, Buboltz y Soper. (2002). «Relationship of sleep hygiene awareness».
38. Roehrs, T. y Roth, T. (2001). «Sleep, sleepiness, sleep disorders and alcohol use and abuse». *Sleep Medicine Reviews*, 5 (4): 287-297.
39. Irwin, M., Miller, C., *et al.* (2000). «Polysomnographic and spectral sleep EEG in primary alcoholics: An interaction between alcohol dependence and African-American ethnicity». *Alcoholism Clinical and Experimental Research*, 24 (9): 1376-1384.
40. Reid, K. J., Baron, K. G., *et al.* (2010). «Aerobic exercise improves self-reported sleep and quality of life in older adults with insomnia». *Sleep Medicine*, 11 (9): 934-940.
41. Miro, E., Lupianez, J., *et al.* (2011). «Cognitive-behavioral therapy for insomnia improves attentional function in fibromyalgia syndrome: A pilot, randomized controlled trial». *Journal of Health Psychology*, 16 (5): 770-782.
42. Dirksen, S. R. y Epstein, D. R. (2008). «Efficacy of an insomnia intervention on fatigue, mood and quality of life in breast cancer survivors». *Journal of Advanced Nursing*, 61 (6): 664-675.

Capítulo 8

1. Armitage, C. J., Harris, P. R., *et al.* (2008). «Self-affirmation increases acceptance of health-risk information among UK adult smokers with low socioeconomic status». *Psychology of Addictive Behaviors*, 22 (1): 88-95.
2. Epton, T. y Harris, P. R. (2008). «Self-affirmation promotes health behavior change». *Health Psychology*, 27 (6): 746-752.
3. Perreau-Linck, E., Beauregard, M., *et al.* (2007). «In vivo measurements of brain trapping of C-labelled alpha-methyl-L-tryptophan during acute changes in mood states». *Journal of Psychiatry & Neuroscience*, 32 (6): 430-434.
4. Ochsner, K. N., Ray, R. D., *et al.* (2004). «For better or for worse: Neural systems supporting the cognitive down-and up-regulation of negative emotion». *Neuroimage*, 23 (2): 483-499.
5. Soares, J. M., Sampaio, A., *et al.* (2012). «Stress-induced changes in human decision-making are reversible». *Translational Psychiatry*, 2: e131.
6. Schwabe, L. y Wolf, O. T. (2009). «Stress prompts habit behavior in humans». *Journal of Neuroscience*, 29 (22): 7191-7198.
7. Norcross, J. C., Mrykalo, M. S. y Blagys, M. D. (2002). «Auld lang syne: Success predictors, change processes, and self-reported outcomes of New Year's resolvers and nonresolvers». *Journal of Clinical Psychology*, 58 (4): 397-405.

8. Ayduk, O., Mendoza-Denton, R., *et al.* (2000). «Regulating the inter-personal self: Strategic self-regulation for coping with rejection sensitivity». *Journal of Personality and Social Psychology*, 79 (5): 776-792.

9. Casey, B. J., Somerville, L. H., *et al.* (2011). «Behavioral and neural correlates of delay of gratification 40 years later». *Proceedings of the National Academy of Sciences USA*, 108 (36): 14998-15003.

10. Young, S. N. (2007). «How to increase serotonin in the human brain without drugs». *Journal of Psychiatry & Neuroscience*, 32 (6): 394-399.

11. Field, T., Hernandez-Reif, M., *et al.* (2005). «Cortisol decreases and serotonin and dopamine increase following massage therapy». *International Journal of Neuroscience*, 115 (10): 1397-1413.

12. Perreau-Linck, *et al.* (2007). «In vivo measurements».

13. Goto, Y. y Grace, A. A. (2005). «Dopaminergic modulation of limbic and cortical drive of nucleus accumbens in goal-directed behavior». *Nature Neuroscience*, 8 (6): 805-812.

14. Feldstein Ewing, S. W., Filbey, F. M., *et al.* (2011). «How psychosocial alcohol interventions work: A preliminary look at what FMRI can tell us». *Alcoholism Clinical and Experimental Research*, 35 (4): 643-651.

15. Lieberman, M. D., Eisenberger, N. I., *et al.* (2007). «Putting feelings into words: Affect labeling disrupts amygdala activity in response to affective stimuli». *Psychological Science*, 18 (5): 421-428.

Capítulo 9

1. Shapiro, D., Cook, I. A., *et al.* (2007). «Yoga as a complementary treatment of depression: Effects of traits and moods on treatment outcome». *Evidence-Based Complementary and Alternative Medicine*, 4 (4): 493-502.

2. Leino, P. y Magni, G. (1993). «Depressive and distress symptoms as predictors of low back pain, neck-shoulder pain, and other musculoskeletal morbidity: A 10-year follow-up of metal industry employees». *Pain*, 53 (1): 89-94.

3. Carney, R. M., Blumenthal, J. A., *et al.* (2001). «Depression, heart rate variability, and acute myocardial infarction». *Circulation*, 104 (17): 2024-2028.

4. Nakahara, H., Furuya, S., *et al.* (2009). «Emotion-related changes in heart rate and its variability during performance and perception of music». *Annals of the New York Academy of Sciences*, 1169: 359-362.

5. Brown, S., Martinez, M. J. y Parsons, L. M. (2004). «Passive music listening spontaneously engages limbic and paralimbic systems». *Neuroreport*, 15 (13): 2033-2037.

6. Sutoo, D. y Akiyama, K. (2004). «Music improves dopaminergic neurotransmission: Demonstration based on the effect of music on blood pressure regulation». *Brain Research*, 1016 (2): 255-262.

7. Strack, F., Martin, L. L. y Stepper, S. (1988). «Inhibiting and facilita-
    ting conditions of the human smile: A nonobtrusive test of the facial
    feedback hypothesis». *Journal of Personality and Social Psychology*, 54 (5):
    768-777.
8. Dimberg, U. y Soderkvist, S. (2011). «The voluntary facial action te-
    chnique: A method to test the facial feedback hypothesis». *Journal of
    Nonverbal Behavior*, 35: 17-33.
9. Mora-Ripoll, R. (2010). «The therapeutic value of laughter in medici-
    ne». *Alternative Therapies, Health, and Medicine*, 16 (6): 56-64.
10. Fischer, J., Fischer, P., *et al.* (2011). «Empower my decisions: The
    effects of power gestures on confirmatory information processing».
    Journal of Experimental Social Psychology, 47: 1146-1154.
11. Brinol, P., Petty, R. E. y Wagner, B. (2009). «Body posture effects on
    self-evaluation: A self-validation approach». *European Journal of Social
    Psychology*, 39: 1053-1064.
12. Riskind, J. H. y Gotay, C. C. (1982). «Physical posture: Could it have
    regulatory or feedback effects on motivation and emotion?». *Motivation
    and Emotion*, 6 (3): 273-298.
13. Peper, E. y Lin, I. (2012). «Increase or decrease depression: How body
    postures influence your energy level». *Biofeedback*, 40 (3): 125-130.
14. Carney, D. R., Cuddy, A. J. y Yap, A. J. (2010). «Power posing: Brief
    nonverbal displays affect neuroendocrine levels and risk tolerance».
    Psychological Science, 21 (10): 1363-1368.
15. Larsen, R. J., Kasimatis, M. y Frey, K. (1992). «Facilitating the fu-
    rrowed brow: An unobtrusive test of the facial feedback hypothesis
    applied to unpleasant affect». *Cognition & Emotion*, 6 (5): 321-338.
16. Duclos, S. E. y Laird, J. D. (2001). «The deliberate control of emotio-
    nal experience through control of expressions». *Cognition & Emotion*,
    15 (1): 27-56.
17. Lewis, M. B. y Bowler, P. J. (2009). «Botulinum toxin cosmetic therapy
    correlates with a more positive mood». *Journal of Cosmetic Dermatology*,
    8 (1): 24-26.
18. Kunik, M. E., Roundy, K., *et al.* (2005). «Surprisingly high prevalence
    of anxiety and depression in chronic breathing disorders». *Chest*, 127
    (4): 1205-1211.
19. Kjellgren, A., Bood, S. A., *et al.* (2007). «Wellness through a compre-
    hensive yogic breathing program: A controlled pilot trial». *BMC Com-
    plementary and Alternative Medicine*, 7: 43.
20. McPartland, J. M. (2008). «Expression of the endocannabinoid system
    in fibroblasts and myofascial tissues». *Journal of Bodywork and Movement
    Therapies*, 12 (2): 169-182.
21. Nerbass, F. B., Feltrim, M. I., *et al.* (2010). «Effects of massage therapy
    on sleep quality after coronary artery bypass graft surgery». *Clinics* (Sao
    Paulo), 65 (11): 1105-1110.

22. Field, T., Hernandez-Reif, M., *et al.* (2005). «Cortisol decreases and serotonin and dopamine increase following massage therapy». *International Journal of Neuroscience*, 115 (10): 1397-1413.

Capítulo 10

1. Watkins, P. C., Woodward, K., *et al.* (2003). «Gratitude and happiness: Development of a measure of gratitude, and relationship with subjective well-being». *Social Behavior and Personality*, 31 (5): 431-452.
2. Kleiman, E. M., Adams, L. M., *et al.* (2013). «Grateful individuals are not suicidal: Buffering risks associated with hopelessness and depressive symptoms». *Personality and Individual Differences*, 55 (5): 595-599.
3. Froh, J. J., Yurkewicz, C. y Kashdan, T. B. (2009). «Gratitude and subjective well-being in early adolescence: Examining gender differences». *Journal of Adolescence*, 32 (3): 633-650.
4. Ng, M. Y. y Wong, W. S. (2013). «The differential effects of gratitude and sleep on psychological distress in patients with chronic pain». *Journal of Health Psychology*, 18 (2): 263-271.
5. Hill, P. L., Allemand, M. y Roberts, B. W. (2013). «Examining the pathways between gratitude and self-rated physical health across adulthood». *Personality and Individual Differences*, 54 (1): 92-96.
6. Emmons, R. A. y McCullough, M. E. (2003). «Counting blessings versus burdens: An experimental investigation of gratitude and subjective well-being in daily life». *Journal of Personality and Social Psychology*, 84 (2): 377-389.
7. Wood, A. M., Maltby, J., *et al.* (2008). «The role of gratitude in the development of social support, stress, and depression: Two longitudinal studies». *Journal of Research in Personality*, 42: 854-871.
8. Zahn, R., Moll, J., *et al.* (2009). «The neural basis of human social values: Evidence from functional MRI». *Cerebral Cortex*, 19 (2): 276-283.
9. Perreau-Linck, E., Beauregard, M., *et al.* (2007). «In vivo measurements of brain trapping of C-labelled alpha-methyl-L-tryptophan during acute changes in mood states». *Journal of Psychiatry & Neuroscience*, 32 (6): 430-434.
10. Digdon, N. y Koble, A. (2011). «Effects of constructive worry, imagery distraction, and gratitude interventions on sleep quality: A pilot trial». *Applied Psychology: Health and Well-being*, 3 (2): 193-206.
11. Ng. y Wong. (2013). «The differential effects of gratitude and sleep».
12. Sharot, T., Riccardi, A. M., *et al.* (2007). «Neural mechanisms mediating optimism bias». *Nature*, 450 (7166): 102-105.
13. Immordino-Yang, M. H., McColl, A., *et al.* (2009). «Neural correlates of admiration and compassion». *Proceedings of the National Academy of Sciences USA*, 106 (19): 8021-8026.

14. Bartolo, A., Benuzzi, F., *et al.* (2006). «Humor comprehension and appreciation: An FMRI study». *Journal of Cognitive Neuroscience*, 18 (11): 1789-1798.
15. Mobbs, D., Greicius, M. D., *et al.* (2003). «Humor modulates the mesolimbic reward centers». *Neuron*, 40 (5): 1041-1048.
16. Roth, L., Kaffenberger, T., *et al.* (2014). «Brain activation associated with pride and shame». *Neuropsychobiology*, 69 (2): 95-106.
17. Emmons y McCullough. (2003). «Counting blessings versus burdens».
18. Lambert, N. M., Fincham, F. D., *et al.* (2009). «More gratitude, less materialism: The mediating role of life satisfaction». *Journal of Positive Psychology*, 4 (1): 32-42.
19. Takeuchi, H., Taki, Y., *et al.* (2011). «Regional gray matter density associated with emotional intelligence: Evidence from voxel-based morphometry». *Human Brain Mapping*, 32 (9): 1497-1510.

Capítulo 11
1. Eisenberger, N. I., Jarcho, J. M., *et al.* (2006). «An experimental study of shared sensitivity to physical pain and social rejection». *Pain*, 126 (1-3): 132-138.
2. Onoda, K., Okamoto, Y., *et al.* (2010). «Does low self-esteem enhance social pain? The relationship between trait self-esteem and anterior cingulate cortex activation induced by ostracism». *Social Cognitive and Affective Neuroscience*, 5 (4): 385-391.
3. Tops, M., Riese, H., *et al.* (2008). «Rejection sensitivity relates to hypocortisolism and depressed mood state in young women». *Psychoneuroendocrinology*, 33 (5): 551-559.
4. Meynen, G., Unmehopa, U. A., *et al.* (2007). «Hypothalamic oxytocin mRNA expression and melancholic depression». *Molecular Psychiatry*, 12 (2): 118-119.
5. Cyranowski, J. M., Hofkens, T. L., *et al.* (2008). «Evidence of dysregulated peripheral oxytocin release among depressed women». *Psychosomatic Medicine*, 70 (9): 967-975.
6. Jokinen, J., Chatzittofis, A., *et al.* (2012). «Low CSF oxytocin reflects high intent in suicide attempters». *Psychoneuroendocrinology*, 37 (4): 482-490.
7. Heim, C., Young, L. J., *et al.* (2009). «Lower CSF oxytocin concentrations in women with a history of childhood abuse». *Molecular Psychiatry*, 14 (10): 954-958.
8. Thompson, R. J., Parker, K. J., *et al.* (2011). «Oxytocin receptor gene polymorphism (rs2254298) interacts with familial risk for psychopathology to predict symptoms of depression and anxiety in adolescent girls». *Psychoneuroendocrinology*, 36 (1): 144-147.

9. Costa, B., Pini, S., *et al.* (2009). «Oxytocin receptor polymorphisms and adult attachment style in patients with depression». *Psychoneuroendocrinology*, 34 (10): 1506-1514.

10. Bell, C. J., Nicholson, H., *et al.* (2006). «Plasma oxytocin levels in depression and their correlation with the temperament dimension of reward dependence». *Journal of Psychopharmacology*, 20 (5): 656-660.

11. Norman, G. J., Karelina, K., *et al.* (2010). «Social interaction prevents the development of depressive-like behavior post nerve injury in mice: A potential role for oxytocin». *Psychosomatic Medicine*, 72 (6): 519-526.

12. Brown, J. L., Sheffield, D., *et al.* (2003). «Social support and experimental pain». *Psychosomatic Medicine*, 65 (2): 276-283.

13. Montoya, P., Larbig, W., *et al.* (2004). «Influence of social support and emotional context on pain processing and magnetic brain responses in fibromyalgia». *Arthritis and Rheumatology*, 50 (12): 4035-4044.

14. Master, S. L., Eisenberger, N. I., *et al.* (2009). «A picture's worth: Partner photographs reduce experimentally induced pain». *Psychological Science*, 20 (11): 1316-1318.

15. Borsook, T. K. y MacDonald, G. (2010). «Mildly negative social encounters reduce physical pain sensitivity». *Pain*, 151 (2): 372-377.

16. Coan, J. A., Schaefer, H. S. y Davidson, R. J. (2006). «Lending a hand: Social regulation of the neural response to threat». *Psychological Science*, 17 (12): 1032-1039.

17. Sayal, K., Checkley, S., *et al.* (2002). «Effects of social support during weekend leave on cortisol and depression ratings: A pilot study». *Journal of Affective Disorders*, 71 (1-3): 153-157.

18. Joseph, N. T., Myers, H. F., *et al.* (2011). «Support and undermining in interpersonal relationships are associated with symptom improvement in a trial of antidepressant medication». *Psychiatry*, 74 (3): 240-254.

19. Epley, N., Schroeder, J. y Waytz, A. (2013). «Motivated mind perception: Treating pets as people and people as animals». En S. J. Gervais (ed.), *Objectification and (De)Humanization* (pp. 127-152). Nueva York: Springer.

20. Yoshida, M., Takayanagi, Y., *et al.* (2009). «Evidence that oxytocin exerts anxiolytic effects via oxytocin receptor expressed in serotonergic neurons in mice». *Journal of Neuroscience*, 29 (7): 2259-2271.

21. Heinrichs, M., Baumgartner, T., *et al.* (2003). «Social support and oxytocin interact to suppress cortisol and subjective responses to psychosocial stress». *Biological Psychiatry*, 54 (12): 1389-1398.

22. Domes, G., Heinrichs, M., *et al.* (2007). «Oxytocin attenuates amygdala responses to emotional faces regardless of valence». *Biological Psychiatry*, 62 (10): 1187-1190.

23. Riem, M. M., van Ijzendoorn, M. H., *et al.* (2012). «No laughing matter: Intranasal oxytocin administration changes functional brain

connectivity during exposure to infant laughter». *Neuropsychopharmacology*, 37 (5): 1257-1266.

24. Leuner, B., Caponiti, J. M. y Gould, E. (2012). «Oxytocin stimulates adult neurogenesis even under conditions of stress and elevated glucocorticoids». *Hippocampus*, 22 (4): 861-868.

25. Onoda, K., Okamoto, Y., *et al.* (2009). «Decreased ventral anterior cingulate cortex activity is associated with reduced social pain during emotional support». *Social Neuroscience*, 4 (5): 443-454.

26. Musick, M. A. y Wilson, J. (2003). «Volunteering and depression: The role of psychological and social resources in different age groups». *Social Science & Medicine*, 56 (2): 259-269.

27. Fowler, J. H. y Christakis, N. A. (2008). «Dynamic spread of happiness in a large social network: Longitudinal analysis over 20 years in the Framingham Heart Study». *British Medical Journal*, 337: a2338.

28. Baskerville, T. A. y Douglas, A. J. (2010). «Dopamine and oxytocin interactions underlying behaviors: Potential contributions to behavioral disorders». *CNS Neuroscience & Therapeutics*, 16 (3): e92-123.

29. Sarnyai, Z., Vecsernyes, M., *et al.* (1992). «Effects of cocaine on the contents of neurohypophyseal hormones in the plasma and in different brain structures in rats». *Neuropeptides*, 23 (1): 27-31.

30. Carson, D. S., Hunt, G. E., *et al.* (2010). «Systemically administered oxytocin decreases methamphetamine activation of the subthalamic nucleus and accumbens core and stimulates oxytocinergic neurons in the hypothalamus». *Addiction Biology*, 15 (4): 448-463.

31. Bowen, M. T., Carson, D. S., *et al.* (2011). «Adolescent oxytocin exposure causes persistent reductions in anxiety and alcohol consumption and enhances sociability in rats». *PLoS One*, 6 (11): e27237.

32. Uvnas-Moberg, K. (1998). «Oxytocin may mediate the benefits of positive social interaction and emotions». *Psychoneuroendocrinology*, 23 (8): 819-835.

33. Williams, L. E. y Bargh, J. A. (2008). «Experiencing physical warmth promotes interpersonal warmth». *Science*, 322 (5901): 606-607.

34. Lund, I., Ge, Y., *et al.* (2002). «Repeated massage-like stimulation induces long-term effects on nociception: Contribution of oxytocinergic mechanisms». *European Journal of Neuroscience*, 16 (2): 330-338.

35. Nerbass, F. B., Feltrim, M. I., *et al.* (2010). «Effects of massage therapy on sleep quality after coronary artery bypass graft surgery». *Clinics* (Sao Paulo), 65 (11): 1105-1110.

36. Field, T., Hernandez-Reif, M., *et al.* (2005). «Cortisol decreases and serotonin and dopamine increase following massage therapy». *International Journal of Neuroscience*, 115 (10): 1397-1413.

37. Eisenberger, N. I., Taylor, S. E., *et al.* (2007). «Neural pathways link social support to attenuated neuroendocrine stress responses». *Neuroimage*, 35 (4): 1601-1612.

38. Seltzer, L. J., Prososki, A. R., *et al.* (2012). «Instant messages vs. speech: Hormones and why we still need to hear each other». *Evolution and Human Behavior*, 33 (1): 42-45.

39. Suda, M., Takei, Y., *et al.* (2010). «Frontopolar activation during face-to-face conversation: An in situ study using near-infrared spectroscopy». *Neuropsychologia*, 48 (2): 441-447.

40. Seltzer, *et al.* (2012). «Instant messages vs. speech».

41. Bernhardt, P. C., Dabbs, J. M., Jr., *et al.* (1998). «Testosterone changes during vicarious experiences of winning and losing among fans at sporting events». *Physiology & Behavior*, 65 (1): 59-62.

42. Karremans, J. C., Heslenfeld, D. J., *et al.* (2011). «Secure attachment partners attenuate neural responses to social exclusion: An fMRI investigation». *International Journal of Psychophysiology*, 81 (1): 44-50.

43. Motooka, M., Koike, H., *et al.* (2006). «Effect of dog-walking on autonomic nervous activity in senior citizens». *Medical Journal of Australia*, 184 (2): 60-63.

44. Nagasawa, M., Kikusui, T., *et al.* (2009). «Dog's gaze at its owner increases owner's urinary oxytocin during social interaction». *Hormones and Behavior*, 55 (3): 434-441.

45. Odendaal, J. S. y Meintjes, R. A. (2003). «Neurophysiological correlates of affiliative behaviour between humans and dogs». *Veterinary Journal*, 165 (3): 296-301.

46. Colombo, G., Buono, M. D., *et al.* (2006). «Pet therapy and institutionalized elderly: A study on 144 cognitively unimpaired subjects». *Archives of Gerontology and Geriatrics*, 42 (2): 207-216.

47. Eddy, J., Hart, L. A. y Boltz, R. P. (1988). «The effects of service dogs on social acknowledgments of people in wheelchairs». *Journal of Psychology*, 122 (1): 39-45.

48. Baskerville y Douglas. (2010). «Dopamine and oxytocin interactions underlying behaviors».

49. Riem, M. M., Bakermans-Kranenburg, M. J., *et al.* (2011). «Oxytocin modulates amygdala, insula, and inferior frontal gyrus responses to infant crying: A randomized controlled trial». *Biological Psychiatry*, 70 (3): 291-297.

50. Bakermans-Kranenburg, M. J., van Ijzendoorn, M. H., *et al.* (2012). «Oxytocin decreases handgrip force in reaction to infant crying in females without harsh parenting experiences». *Social Cognitive and Affective Neuroscience*, 7 (8): 951-957.

51. Bartz, J. A., Zaki, J., *et al.* (2010). «Effects of oxytocin on recollections of maternal care and closeness». *Proceedings of the National Academy of Sciences USA*, 107 (50): 21371-21375.

52. Theodosis, D. T. (2002). «Oxytocin-secreting neurons: A physiological model of morphological neuronal and glial plasticity in the adult hypothalamus». *Frontiers in Neuroendocrinology*, 23 (1): 101-135.

53. Panatier, A., Gentles, S. J., *et al.* (2006). «Activity-dependent synaptic plasticity in the supraoptic nucleus of the rat hypothalamus». *Journal of Physiology*, 573 (Pt 3): 711-721.

Capítulo 12

1. Rush, A. J., Warden, D., *et al.* (2009). «STAR*D: Revising conventional wisdom». *CNS Drugs*, 23 (8): 627-647.
2. DeMaat, S. M., Dekker, J., *et al.* (2007). «Relative efficacy of psychotherapy and combined therapy in the treatment of depression: A meta-analysis». *European Psychiatry*, 22 (1): 1-8.
3. Rush, *et al.* (2009). «STAR*D».
4. Buchheim, A., Viviani, R., *et al.* (2012). «Changes in prefrontal-limbic function in major depression after 15 months of long-term psychotherapy». *PLoS One*, 7 (3): e33745.
5. Ritchey, M., Dolcos, F., *et al.* (2011). «Neural correlates of emotional processing in depression: Changes with cognitive behavioral therapy and predictors of treatment response». *Journal of Psychiatric Research*, 45 (5): 577-587.
6. Dichter, G. S., Felder, J. N., *et al.* (2009). «The effects of psychotherapy on neural responses to rewards in major depression». *Biological Psychiatry*, 66 (9): 886-897.
7. Martin, S. D., Martin, E., *et al.* (2001). «Brain blood flow changes in depressed patients treated with interpersonal psychotherapy or venlafaxine hydrochloride: Preliminary findings». *Archives of General Psychiatry*, 58 (7): 641-648.
8. Goldapple, K., Segal, Z., *et al.* (2004). «Modulation of cortical-limbic pathways in major depression: Treatment-specific effects of cognitive behavior therapy». *Archives of General Psychiatry*, 61 (1): 34-41.
9. Farb, N. A., Anderson, A. K., *et al.* (2010). «Minding one's emotions: Mindfulness training alters the neural expression of sadness». *Emotion*, 10 (1): 25-33.
10. Karlsson, H., Hirvonen, J., *et al.* (2010). «Research letter: Psychotherapy increases brain serotonin 5-HT1A receptors in patients with major depressive disorder». *Psychological Medicine*, 40 (3): 523-528.
11. Lehto, S. M., Tolmunen, T., *et al.* (2008). «Changes in midbrain serotonin transporter availability in atypically depressed subjects after one year of psychotherapy». *Progress in Neuro-Psychopharmacolog y and Biological Psychiatry*, 32 (1): 229-237.
12. Karlsson, *et al.* (2010). «Research letter».
13. Martin, *et al.* (2001). «Brain blood flow changes in depressed patients».
14. Sheline, Y. I., Barch, D. M., *et al.* (2001). «Increased amygdala response to masked emotional faces in depressed subjects resolves with antidepressant treatment: An fMRI study». *Biological Psychiatry*, 50 (9): 651-658.

15. Simmons, A. N., Arce, E., *et al.* (2009). «Subchronic SSRI administration reduces insula response during affective anticipation in healthy volunteers». *International Journal of Neuropsychopharmacology*, 12 (8): 1009-1020.

16. Morgan, V., Pickens, D., *et al.* (2005). «Amitriptyline reduces rectal pain related activation of the anterior cingulate cortex in patients with irritable bowel syndrome». *Gut*, 54 (5): 601-607.

17. Fales, C. L., Barch, D. M., *et al.* (2009). «Antidepressant treatment normalizes hypoactivity in dorsolateral prefrontal cortex during emotional interference processing in major depression». *Journal of Affective Disorders*, 112 (1-3): 206-211.

18. El Mansari, M., Sanchez, C., *et al.* (2005). «Effects of acute and long-term administration of escitalopram and citalopram on serotonin neurotransmission: An in vivo electrophysiological study in rat brain». *Neuropsychopharmacology*, 30 (7): 1269-1277.

19. Willner, P., Hale, A. S. y Argyropoulos, S. (2005). «Dopaminergic mechanism of antidepressant action in depressed patients». *Journal of Affective Disorders*, 86 (1): 37-45.

20. Balu, D. T., Hoshaw, B. A., *et al.* (2008). «Differential regulation of central BDNF protein levels by antidepressant and non-antidepressant drug treatments». *Brain Research*, 1211: 37-43.

21. Bessa, J. M., Ferreira, D., *et al.* (2009). «The mood-improving actions of antidepressants do not depend on neurogenesis but are associated with neuronal remodeling». *Molecular Psychiatry*, 14 (8): 764-773, 739.

22. Driver, H. S. y Taylor, S. R. (2000). «Exercise and sleep». *Sleep Medicine Reviews*, 4 (4): 387-402.

23. Knoch, D., Brugger, P. y Regard, M. (2005). «Suppressing versus releasing a habit: Frequency-dependent effects of prefrontal transcranial magnetic stimulation». *Cerebral Cortex*, 15 (7): 885-887.

24. Cho, S. S. y Strafella, A. P. (2009). «rTMS of the left dorsolateral prefrontal cortex modulates dopamine release in the ipsilateral anterior cingulate cortex and orbitofrontal cortex». *PLoS One*, 4 (8): e6725.

25. Nahas, Z., Teneback, C., *et al.* (2007). «Serial vagus nerve stimulation functional MRI in treatment-resistant depression». *Neuropsychopharmacology*, 32 (8): 1649-1660.

26. Sackeim, H. A., Prudic, J., *et al.* (2008). «Effects of pulse width and electrode placement on the efficacy and cognitive effects of electroconvulsive therapy». *Brain Stimulation*, 1 (2): 71-83.

27. Marano, C. M., Phatak, P., *et al.* (2007). «Increased plasma concentration of brain-derived neurotrophic factor with electroconvulsive therapy: A pilot study in patients with major depression». *Journal of Clinical Psychiatry*, 68 (4): 512-517.

28. Merkl, A., Heuser, I. y Bajbouj, M. (2009). «Antidepressant electro-
    convulsive therapy: Mechanism of action, recent advances and limita-
    tions». *Experimental Neurology*, 219 (1): 20-26.
29. Boggio, P. S., Rigonatti, S. P., *et al.* (2008). «A randomized, double-
    blind clinical trial on the efficacy of cortical direct current stimulation
    for the treatment of major depression». *International Journal of Neurop-
    sychopharmacology*, 11 (2): 249-254.
30. Mayberg, H. S., Lozano, A. M., *et al.* (2005). «Deep brain stimulation
    for treatment-resistant depression». *Neuron*, 45 (5): 651-660.

Sobre al autor

E l doctor **Alex Korb** es un neurocientífico que ha estudiado el cerebro durante más de quince años. Diplomado en Neurociencia por la Universidad de Brown, realizó su doctorado en la UCLA, donde escribió su tesis y numerosos artículos científicos sobre la depresión. Actualmente es investigador de posdoctorado en Neurociencia en el departamento de psiquiatría de la UCLA. Fuera del laboratorio es asesor científico de Biotecnología e Industria Farmacéutica y entrenador principal del equipo femenino de *ultimate* de la UCLA. Tiene una dilatada experiencia en yoga, *mindfulness*, entrenamiento físico e incluso monólogos cómicos.

El autor del prólogo, el doctor en medicina **Daniel J. Siegel**, es director ejecutivo del Instituto Mindsight y profesor clínico adjunto de Psiquiatría de la Facultad de Medicina de la Universidad de California. Es autor de varios libros, entre ellos, *The Developing Mind*, *The Mindful Brain, Viaje al centro de la mente* y *El cerebro del niño,* y editor fundador de la serie Norton de neurobiología interpersonal.*

---

* N. del T.: biblioteca profesional con más de cincuenta obras sobre el tema.